KB234751

2030 미래에 답이 있다

新思考 시리즈 1

2030
미래에 답이 있다

서용구 · 박명현 지음

이서원

저성장 경제가 본격화되고 경영의 불확실성이 커지고 있다. 이 같은 시장 환경에서 미래 성장 동력을 찾기 위해서는 앞으로 2~3년이 아니라 10년 후를 내다보는 장기적 안목을 개발하여 미래 예측력을 높일 수 있어야 한다.

본서는 2013년 1년간 필자들이 총 50회 미팅과 토론을 통하여 완성하였다. 집필 기간에 폴 고갱의 명화와 조지오웰의 아래 명언이 지속적으로 감동과 격려를 주었고 그 덕분에 무사히 마칠 수 있었다고 생각한다.

폴 고갱의 "우리는 어디서 왔는가? 우리는 무엇인가? 우리는 어디로 가는가?" 라는 작품은 저성장 기조에 본격 진입한 한국 경제의 미래 시나리오를 구상해 볼 때 감상해야 할 명작이다.

한편 "동물농장"으로 유명한 영국의 천재 작가 조지오웰은 "과거를 통제하는 자가 미래를 통제하며, 현재를 통제하는 자가 과거를 통제한다" Who controls the past controls future. Who controls the present controls past. 는 명언을 남겼다.

조지오웰의 말처럼 우리 경제와 소비의 미래를 예측하기 위해서는 과거 데이터를 추적하여 현재 모습을 파악한 후 미래를 전망해 보는 것이 타당한 방법이다. 따라서 제1장 한국인의 라이프스타일 변화에서는 5가지 핵심 변수들의 과거 통계와 전망 통계를 중심으로 2030년 한국인의 라이프스타일을 예상해본다. 그중에서도 세계 최고 속도로 고령화되는 초 고령화 현상과 "죽지않아"라는 2013년도 저예산 히트영화 사례에서 보는 것처럼 날로 심각해져 가는 세대 간 문제는 우리 사회가 전면적으로 대응하여 해결책을 찾아야 하는 거대 이슈이다.

제2장에서는 한국의 미래 소비에 영향을 미치는 10대 메가트렌드 변수를 추출하여 이들 현상을 설명하고 그 시사점을 도출하고자 한다. 2030년 전체 가구 수의 66%를 차지할 것으로 예상되는 1~2인 가구의 성장과 2개 이상의 거대 도시를 왔다 갔다 하면서 살아가는 '멀티시티라이프'의 일반화 등 한국 소비시장을 변화시키는 10가지 변수를 살펴본 후 그 시사점을 핵심 메시지로 정리하였다.

　제3장은 논리적으로 'So What?'에 해당하는 부분이다. 1~2 장에서 살펴본 15개 변수를 조합하여 저성장 경제에서 지속성 장을 가능하게 해주는 성장의 열쇠 7개를 제시하고 있다. 솔로 모와 실버, 솔로시장의 성장과 추가적으로 '프리미엄과 진정성 시장'의 부각 그리고 쇼퍼테인먼트, K-드럭스토어의 성장을 예상할 수 있다.

　부디 본서가 독자 여러분의 미래 비즈니스와 앞으로의 인생 을 리-디자인re-design하는데 조그마한 길잡이가 되기를 희망하 면서 본서의 출판에 흔쾌히 응해주신 고봉석 대표님께 감사드 린다.

숙명여대 연구실에서

서용구, 박명현

2030 미래에 답이 있다 | 차례

| 부록

1

한국인의 라이프스타일 변화

Why?

생산과 소비를 연결하는 유통은 하나의 드넓은 공간이다. 과거에는 상품이 월마트와 백화점 등으로 대표되는 소매점을 통해서 소비자에게 전달되는 것이 유통의 일차적 개념이었다면 지금은 보다 멀티-채널화되어 아마존Amazon, 이베이e-Bay, 아소스ASOS처럼 전 세계를 대상으로 하는 다양한 글로벌 유통기업에 의해 움직이고 있는 추세이다. 이처럼 유통이라는 망망대해에서 앞으로 나아가야 할 커다란 방향을 제시하는 것이 바로 인구Demographic 통계와 같은 라이프스타일 관련 자료들이다.

위키피디아 정의에 의하면, 라이프스타일Lifestyle이란 사람들의 사는 방법The way a person lives을 말한다. 이는 사람들이 자신이 가지고 있는 시간과 돈을 어떤 곳, 어떤 활동에 쓰느냐 하는 문제이다. 라이프스타일 변화를 알면 그 특정 소비 집단 또는 특정 국가 소비자들의 향후 소비행태와 이들로부터 파생되는 사회, 정치, 경제 등 거의 모든 분야의 변화를 예측할 수 있는 기초가 된다. 이것은 마치 수천 년 전 여행자와 상인들이 별자리를 보고 목적지로 향하는 길을 찾던 모습과도 같다.

제1장 한국인의 라이프스타일 변화에서는 한국의 총인구와 수명, 소득, 세대, 가구의 5가지 변수를 중점적으로 살펴보며 2030년까지의 한국 소비 사회 전반에 걸친 변화를 예측해 보기로 한다. 그리하여 향후 유통과 소비시장에서 이러한 변화들이 가져오는 시사점을 생각해보고, 어떻게 대응할 것인지 그 대안을 제시해 보고자 한다.

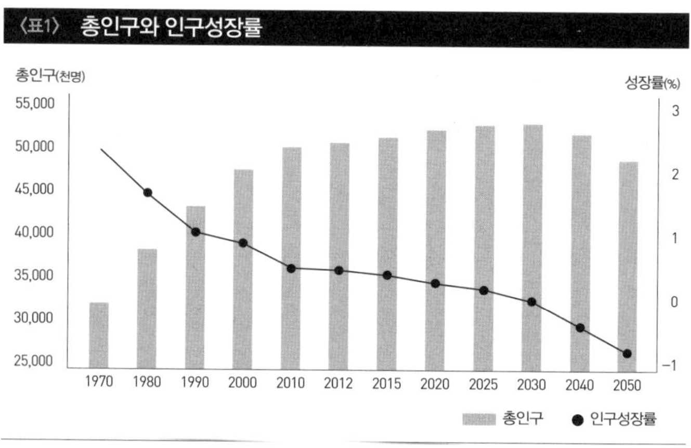

〈표1〉 총인구와 인구성장률

출처: 통계청 「장래인구추계」 2010~2050

    총인구와 인구성장률은 한 국가의 미래를 예측하는데 있어 가장 중요한 거시 지표이다. 2030년 미래 트렌드를 추적하기 위해 가장 먼저 총인구의 변동을 살펴보자. 통계청 발표에 의

하면 인구변동요인은 출생, 사망, 이민으로 구분해볼 수 있으며 인구 증가 비율은 1970년 이후 증가세를 이어가다가 2030년 5,216만 명을 정점으로 하향 곡선을 그리게 된다. 현시점에서 향후 16년간 절대 인구수는 증가하지만, 그 증가폭은 매우 완만함을 알 수 있다.

지난 40년간 인구증가율을 살펴보면 70년대 2%대, 80년대 1%대로 하락하여 20년간 지속되었고, 2000년 이후 1% 미만에 머무르고 있다. 특히 2010년 35~55세 핵심 생산 활동인구가 전체인구에서 차지하는 비중이 정점에 도달하였다. 핵심 생산 활동인구의 감소는 2011년 이후 한국 소비시장의 침체 원인중의 하나이다. 2030년 이후 인구성장률은 마이너스 수치로 돌아서며 총인구수도 역시 하락 국면으로 들어서게 된다. 이후 2030년부터 2063년까지 약 33년간 5천만 인구를 유지할 것으로 통계청은 전망하고 있다. 총 인구수와 인구성장률은 우리나라 생산가능인구 구성비와 밀접한 관련이 있으며, 이는 우리나라 소비시장이 향후 나아가야 할 방향을 연구하는데 있어서 필수 사항이다.

우리나라 인구구조 통계와 관련하여 최근의 이슈는 바로 낮은 출산율이다. 합계 출산율이란 여성 한 명이 15~49세의 가임기간 동안 출산할 것으로 예상되는 평균 출생아를 의미한다.

우리나라의 합계 출산율이 1명 대로 진입한 것은 1990년으로 1.57명이었으며, 2011년 합계 출산율은 1.24명이었다. 보통 1.3명 이하일 경우 '초 저출산'으로 구분되는데 2000년대 이후 여성의 사회진출, 교육과 주택마련 등의 문제로 인하여 결혼과 출산을 기피하거나 미루면서 저출산이 계속되고 있다. 이에 따라 우리나라는 다른 선진국에 비해 가장 빠른 출산 감소율을 보이고 있다.

인구 고령화와 생산인구의 감소는 사회적으로 기존의 정부 정책, 예컨대 보험, 연금 등과 같이 노후 대비 관련 정책 변화가 불가피함을 알 수 있게 한다. 소비 유통 산업도 변화의 틈을 찾아 틈새시장과 새로운 유통채널을 구축하여 채널의 다양화, 해외진출을 도모하는 등 다양한 대응 방법을 모색해야 한다.[1]

한편 우리나라의 15~64세에 해당하는 생산 가능인구는 2016~2018년을 기점으로 감소할 것으로 예상된다. 이에 반해 65세 이상 노인층은 지속적으로 증가하여 2030년에는 전체 인구의 24.3%를 노인 인구가 차지할 것으로 보고 있다. 그 결과 유소년인 0~14세 인구는 12.6%, 생산 가능인구는 63.1%로 예상된다. 2011년 노인 인구 비율이 11.4%인 것과 비교하면

---

1 〈부록1〉 참고

그 비율이 2배 이상 늘어나는 수치이며, 유소년인구와 생산 가능인구 비율은 각각 2011년에 비해 3%와 9.9%씩 각각 감소하는 추세를 보인다. 생산 가능인구의 감소는 국가 미래 경제에 먹구름이 다가오고 있음을 보여주고 있는 것이다. 이미 2000년부터 고령화 사회Aging Society로 접어든 우리나라가 2030년에는 초 고령화 사회Super Aged Society가 될 것으로 보인다. 결국, 인구구성 변화는 노인 인구와 여성 인력 활용, 교육과 주택문제, 이민법 개정으로 이민자를 수용하는 등 획기적인 인구부양정책의 필요성을 시사하고 있다.

Lifestyle Core Message [1]

한국은 2010년을 정점으로 경제 활력이 하락하고 2018년 고령사회, 2025년 초고령 사회 진입을 앞두고 있다.

2010 was the highest water-mark for the Korean economy. Korea is expected to be a super-aged society by 2025.

세계보건기구WHO 회원국들의 기대 수명 평균은 약 70세도 알려져 있다. 세계보건기구의 2013년 '세계보건통계' 발표에서 우리나라의 평균 기대 수명은 세계 평균보다 11세가 많은 81세이다. 세계 최장수 국가인 이웃 나라 83세 일본과 더불어 장수 프리미어 리그에 올라와 있다고 평가할 수 있다. 전 세계적으로 인간의 기대수명은 지속적으로 증가해왔고 앞으로도 이러한 추세가 지속될 것이라 전망된다. UN의 전 세계 기대수명 추이 분석에서도 2030년 남성의 평균 기대수명은 70.6세, 여성은 75.1세로 현재 평균인 70세보다 약 3세 이상 증가할 것으로 예상된다.

이러한 전 세계 인구의 기대수명 증가는 개발도상국, 특히 중국과 인도의 보건·생활환경 개선과 유아 사망률의 하락이 주요 이유인 것으로 보인다. 이와 더불어 의료 기술의 발전, 높은 교육 수준, 국가의 소득 수준 증가 등이 그 원인으로 제시된다.

　전 세계적으로 높아지는 기대수명은 자연스럽게 '수명의 질' 質에 대한 관심을 불러왔다. 수명의 질은 흔히 우리가 이야기하는 삶의 질과 같은 의미로 볼 수 있다. 기대수명이 길어진다는 것은 그만큼 노후의 삶이 과거에 비해 길어진다는 것이고 이에 대한 노후준비가 그 어느 때보다 많은 관심을 받고 있다. 이는 우리나라뿐만 아니라 다른 많은 국가에서도 공통적으로 나타나는 사회현상으로 선진국의 경우 노인들의 삶의 만족도는 우리보다 크게 높은 편이다. 아울러 기대수명의 연장은 건강한 노년 복지를 중요한 관심사로 만들었고, 노인 복지 수요도 예전에 비해 큰 폭으로 증가하고 있다.

　한국의 경우 2010년 기대수명은 남자 77.2세, 여자 84.1세로 남녀의 기대수명 차이는 약 7년이다. 이후 남녀 기대수명 차이는 감소 추세로 2030년에는 그 차이가 5.5세로 낮아질 것으로 예상된다. 2030년 남자의 기대수명은 81.4세, 여자는 87세로 남녀 모두의 기대수명이 80세 이상으로 증가하게 된다.[2]

　한국인의 기대수명 증가의 원인 중 하나는 노년층 사망 감소와 연관이 있다는 연구결과[3]가 있다. 기대수명의 증가는 인구

---

2 〈부록2〉 참고

3 김영배(2011) "우리나라 피할 수 있는 사망의 기대수명에 미치는 영향", 보건의료산업학회지 제5권 제3호 123~132p

고령화에 직접적인 원인 변수로 작용하고 있다. 기대수명이 늘어나고 저출산이 동시에 지속된다면 인구 고령화 역시 그만큼 빠른 증가 곡선을 그릴 수밖에 없는 것이다.

결국, 저출산 문제를 시급히 해결하는 것만이 고령화의 속도를 늦출 수 있는 길이다. 기대수명의 증가는 노후 연금이나 종신 보험, 평생 노동 등 장기 노후생활을 위한 대비가 필요하다는 것을 인식하게 하였다. 특히 한국 역사상 최초로 건강한 90세를 맞이할 수 있는 베이비부머들에게는 은퇴에 대한 공포가 나날이 커지고 있는 실정이다.

이러한 상황에서 동시대에 다양한 가치관을 가진 여러 세대가 함께 살다보니 세대 간 갈등이 심화되는 등의 사회적 문제가 발생하기도 한다. 하지만 다른 한편으로는 실버 시장이 이전에 비해 확대되고 바이오산업이 주목받는 등 기대수명과 관련된 소비시장의 변화가 찾아오기도 한다.

70대 노인들의 사랑과 성性, 영화 '죽어도 좋아'

보통 70대 노인이라고 하면 인생의 황혼이라고 생각한다. 하지만 기대수명이 늘고 '100세 시대'라 부르는 현대사회에서 노인 인구의 삶이 예전과 많이 달라졌다. 한 예로 2002년 겨울 우리나라 영화계의 뜨거운 감자로 떠올랐던 영화가 있다. 바로

70대 노인들의 사랑과 성을 그린 영화 '죽어도 좋아'이다.

실화를 바탕으로 제작된 이 영화는 외로운 노년을 보내다가 우연히 만난 70대 할아버지와 할머니의 사랑을 담은 이야기로 파격적인 노부부의 성행위 장면을 묘사하였다. 이 장면 때문에 영상물등급위원회로부터 제한상영가 등급을 받는 등 많은 우여곡절 끝에 영화를 개봉할 수 있었고 당시 사회적으로 많은 이슈를 불러 모았다.

영화에서 보여준 1주일 3회 이상 빈도수는 기성세대를 놀라게 하기에 충분했고 이 영화 이후 실버 섹스가 더 이상 금기禁忌가 아닌 자연스러운 삶의 한 모습으로 다가오게 되었다. 겉모습은 주름이 지고 늙어가지만, 내면의 니즈와 욕망은 변치 않는다. 즉, 노인은 죽지 않으며 단지 사라질 뿐이다.

Lifestyle Core Message [2]

기대 수명의 증가는 안정적 노후생활의 대비가 필수라는 것을 일깨워준다. 실버 시장은 성장하겠지만 미래 불안으로 소비 심리는 지속적으로 위축될 것이다.

The steep increase in life expectancy demands a corollary financial plan. The silver market will grow as a whole, but spending will be checked by future uncertainty.

1) GDP와 부동산

2004년 골드만삭스는 세계경제보고서를 발표하면서 한국의 GDP가 2050년 미국에 이어 세계 2위에 올라설 것이라 예상한 바 있다. 이러한 발표는 통일 한국을 가정한 것이었지만 세계 2위라는 수치만으로도 관심을 불러일으키기에 충분했다.[4] 해당 보고서는 2015년 한국의 구매력평가 기준 GDP가 27,111달러에 이를 것으로 내다보았지만, IMF에 따르면 이미 2011년 우리나라의 구매력 평가 기준 1인당 GDP는 30,000달러 수준을 넘어섰다.

구매력평가 Purchasing Power Parity: PPP를 기준으로 한 1인당 GDP는 보통 각국의 생산량 및 물가 변동 수준을 모두 포함하여 고

---

4 〈부록3〉 참고

려한 것으로 국민의 실질 생활수준을 나타내는 지표이다. 지난 2012년 현대경제연구원은 우리나라의 구매력평가 기준 1인당 GDP가 매우 빠른 속도로 성장했으며 2011년 기준으로는 3만 달러를 달성, 세계 25위를 기록했다고 발표했다.[5] 명목 1인당 GDP는 22,778달러 수준으로 이보다 낮게 기록되어 선진국과 격차가 존재하나 구매력평가 기준 1인당 GDP는 일본, 영국 등 선진국과 매우 근접한 수준으로 보고되었다. 즉, 실제 우리나라의 생활수준은 선진국과 비교했을 때 거의 비슷한 수준이라는 것을 의미한다. 실제로 필자가 서울 롯데시네마에서 영화 한 편을 보려면 9,000원을 내야 한다. 그러나 같은 영화를 영국 맨체스터에서 보면 최소 10파운드[17,000원]의 돈이 필요하다. 문화상품 구매력으로 비교해보면 우리나라 원화 화폐 구매력이 영국 파운드의 약 2배인 셈인 것이다.

한국은 2011년부터 실질 구매력을 감안해 비교해보면, 이미 영국과 일본 수준의 1인당 GDP 국가로 선진국 경제임을 알 수 있다. 이 같은 객관적 수치에도 불구하고 한국의 내수 경제가 자신감을 상실하고 있다. 그 이유는 2005년 이후 은행대출을 안고 집을 구매한 하우스 푸어족을 비롯하여 한국인의 최대 자산인 아파트 가격이 2005년 이전 수준으로 돌아가 버린

---

5 〈부록4〉 참고

것이 주요 이유 중 하나이다. 우리나라의 경우 가계 소득과 관련하여 주택 매매가를 자주 언급하게 된다. 아파트 시장가치가 우리들의 최대 자산이며 소비 자신감의 원천이기 때문이다. 서울 방배동 170㎡ K아파트의 지난 34년간의 아파트 매매가 변동을 살펴보자. 1980년 첫 분양이 이루어진 후 아파트 매매가는 상승세를 이어오며 1997년 5억 원의 매매가를 기록했다. IMF로 인해 잠시 매매가는 하락을 나타내며 주춤했지만 1999~2000년 5억 원 선을 회복하며 2009년까지 가파른 상승세를 보였다. 특히 2000년대 중반인 2006년 10억 원 선을 넘어서 2009년 13억 5천을 정점으로 글로벌 금융위기 이후 하락세를 보이고 있다. 2014년에는 9억 5천으로 2005년 수준으로 반원을 그리며 하락한 상황이다. 우리나라는 가계자산의 약 75% 정도가 부동산과 같은 비금융자산이 대부분을 차지하고 있기 때문에 아파트매매가 변동과 같은 수치에 민감할 수밖에 없다. 이러한 이유로 매매가의 변동에 따라 전체 소득 수준에도 영향을 미치게 되며 자가自家보유 비중이 높은 베이비부머 세대일수록 매매가 지수 변화가 곧 개인의 소득 변화로 인식되기 마련이다.

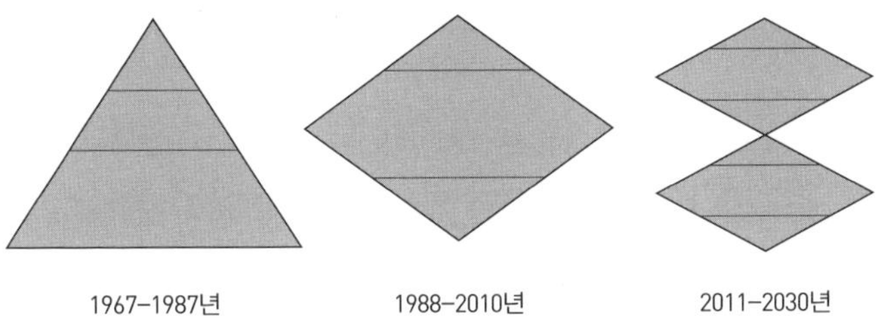

　　20년 단위로 우리나라의 상대적 소득변화를 모형으로 나타내보면 다음과 같이 생각해볼 수 있다. 1967년부터 1987년까지 피라미드 형태와 빈곤층이 다수를 차지하던 소득 계층 구조는 1988년 서울올림픽을 맞이하면서 사회적 인프라 시설이 확대되는 등 변화를 보이며 중산층 규모가 대폭 늘어나게 되었다. 1988년 이후 가운데 소득 계층인 중산층이 늘어나면서 다이아몬드형 구조가 나타났는데 이는 중산층이 많고 양쪽의 부유층과 빈곤층의 비율이 낮은 경우 나타난다. 하지만 2008년 글로벌 경제위기 이후 중산층이 무너지기 시작하고 있고 2011년부터 핵심경제활동 인구가 줄기 시작했다. 저성장 경제의 뉴모멀 New normal 이 지속되면서 2011년 이후는 더블 다이아몬드형 구조를 만들 것으로 예상할 수 있다. 더블 다이아몬드형 구조는 중산층에 속했던 사람들이 부유층과 빈곤층 그룹으로 나뉘어 이동하고 그 속에서 다시 각각의 양극화 현상이 일어나면서 소득 간격이 벌어지게 되는 것이다. 일본의 경우 이미 90년대 이후 고령화와 저성장이 지속되면서 '격차사회'가 되었고 이를 극복하지 못하면서 불평등도가 높은 나라로 전락한 바 있다.

중산층 붕괴에 대한 우려의 목소리는 우리나라 이 외에도 주요 선진국 및 서유럽에서도 이미 나타나고 있는 현상이다. 삼성경제연구소에 따르면 2007년과 2011년의 중산층 비율을 비교하면 이탈리아는 -5.4%, 스페인은 -8%, 영국, 프랑스, 독일도 중산층의 하락세가 이어졌다. 일본도 -0.6% 하락한 것으로 나타났다. 여기에 한국은행이 발표한 대로 우리 가계부채 규모가 1,000조를 돌파하였다. 주택 담보대출로 인한 가계 대출이 우리나라 가계 수지에 악영향을 끼치고 있다. 더구나 고금리 대출이 빠르게 늘어나는 이른바 '나쁜 부채' 도 증가하고 있다. OECD에서도 한국의 가계부채가 과다해지는 것을 경고하는 등 가계소득이 회복 양상을 보이려고 할 때 가계부채가 어떠한 영향을 미칠지 우려되는 상황이다. 더블 다이아몬드 소득 양극화 구조 역시 향후 중요한 소비관련 거시변수로 작용할 가능성이 크다.

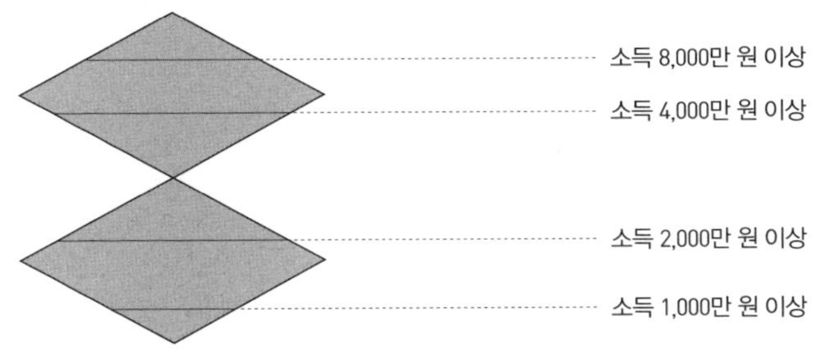

자료 : 통계청

더블 다이아몬드 형태의 소득 분포 구조는 윗부분은 상류층 소득 상위 30%, 가운데는 중산층 소득 상위 30~70%, 아랫부분은 빈곤층 소득 하위 30%으로 나누어 볼 수 있다. 특히 상류층은 소득 4,000만 원을 기준으로 다시 나뉘게 되며 빈곤층 역시 소득 2,000만원을 기준으로 나뉜다. 기존의 중산층은 소득 2,000-4,000만원 사이에 위치해 있다. 중산층 역시 두 부분으로 나뉘어 상하로 속하게 되면서 중산층의 규모가 이전에 비해 현격히 줄어들게 되는 것이다. 소비 경제는 생산된 재화와 서비스의 원활한 흐름이 이루어질 때 그 진가를 발휘한다. 신체의 혈관에 비유한다면 어느 한 쪽으로 혈액이 몰리게 되면 혈압을 이기지 못하고 혈관이 파열되어 문제를 일으키는 것과 같다. 즉, 재화, 서비스, 그리고 여기에 화폐 또한 같이 각 계층별로 이동이 자유롭고 사회 전반에 걸쳐 원활한 흐름을 유지해야 빈부격차를 완화하고 중산층의 하위계층과 빈곤층까지도 구매력이 지금보다 나아질 수 있다. 우리는 소득을 분석함에 있어서 미래의 유통·소비 시장이 어떠한 소득계층을 주요 타겟으로 할 것인지 고민해 보아야 한다.

세대 Generation 란 사회과학에서 코호트 Cohort 와 동의어로 사용된다. 본서에서 세대란 구체적으로 사회적 세대 Social generation 를 말하며 '특정기간 출생하여 인생 발달 단계에 동일한 사건과 이벤트를 경험하여 비슷한 가치관과 신념을 가지게 된 사람들'을 뜻하는 것이다. 연령별로 세대를 구분하여 이들 세대 간의 가치관, 행동패턴, 사회적 환경 등을 파악하면 보다 자세한 소비성향 등을 분석할 수 있다는 것이 세대 이론의 준거가 되고 있다. 세대명칭과 연령 구분은 학문적, 현실적으로 명확하게 정해진 기준은 없다. 본서에서는 선진국에서 가장 많이 사용하는 소위 글로벌 스탠더드 Global Standard 로 분석해 보기로 한다.

6.25전쟁을 몸소 겪고 한국을 후진국에서 중진국으로 만든 세대로 국가를 건설한 빌더스 B세대 Builders, 전쟁 후 출생 붐

이 불어서 상대적으로 출생자가 많은 베이비부머 BB세대^{Baby Boomers}, 베이비부머와 신세대에 끼어있는 X세대, 그리고 1980년 이후 출생자이며 이전 세대와 차별성이 큰 Y세대 이상 4개 세대가 현재의 한국 소비시장을 형성하고 있다. 향후 2030년 한국 소비시장의 주력부대는 전체 인구 약 26%를 차지하는 Y세대가 될 것이 확실해 보인다. 그러나 51세 이상의 X, Y세대도 총인구의 49.6%를 차지하면서 인구 절반에 해당하는 거대한 소비 집단으로 여전히 왕성한 소비활동을 영위할 것이다. 현재 최고의 소비 세력인 BB세대는 2020년을 전후하여 가장 강력한 소비 집단으로서의 1등 지위는 후속세대에게 넘겨줄 것으로 예상되지만 X, Y세대보다 상대적으로 높은 자산 보유와 경제력을 바탕으로 한국 역사상 최초로 강력한 실버 소비 집단의 주체가 될 것이다.[6]

Braun and Sweet[1984]의 세대사건 이론^{Generational event theory}에 의하면 같은 시기, 같은 사회에서 성장한 사람들은 같은 태도를 공유하는데 이러한 태도는 청소년기에 주로 형성되며 생애주기 동안 계속된다고 한다.[7] 이로 인해 같은 세대 구성원들은 비슷한 가치관을 공유해 여기에서 비롯된 사회적 질서를 유지

---

6 〈부록5〉 참고

7 김미령, 2011년, 베이비붐세대, X세대, 준고령세대 여성의 삶의 질 구성요소 비교연구

하고자 한다. 세대를 구분하는 기준으로 출생년도가 가장 대표적인 기준이 될 수 있다.

특히 2030년 주 소비계층을 형성하는 3개 세대인 BB, X, Y세대는 자라온 환경과 그들을 둘러싼 질서, 규범 등 사회적 분위기가 매우 다른 세대이다.[8] 이러한 성장 배경 변화는 세대별로 주된 가치관이 변화하는 모습을 동반했으며 이들 세대는 '직업'과 '가족' 그리고 '자아'라는 세 개의 세계를 조합할 때 각각 'OR, OR-AND, AND'라는 세대별 가치관의 차이를 가지고 있다. BB세대는 자신들의 성장 배경을 이유로 남자는 직업, 여자는 가족을 선택해야 했고(OR) X세대의 가치관은 선택의 기로에 서거나 혹은 양자를 다 선택 가능했으며(OR-AND) Y세대는 자아를 중심으로 가족을 선택하는 통합을 지향하는 경향(AND)을 보이기 때문이다. BB, X, Y세대를 대표하는 가상 인물을 통해 2030년을 세대별 특징을 살펴보자. 각 세대 대표 인물로 BB세대는 58년생 개띠, X세대는 74년생 범띠, Y세대는 87년생 토끼띠를 선정하였다.

한국 대기업 공채 1기 58년생 개띠는 사회 여러 분야에서 이전 B세대와 큰 차이를 보이며 성장했고 그 수도 많기 때문에 BB세대와 동의어로 불리고 있는 베이비부머 대표선수들이

---

8 〈부록6〉 참고

다. 베이비붐으로 출생률이 가장 절정기에 이르렀을 때가 바로 1958년이었으며 현재 한국 사회 모든 조직의 최정상부를 구성하고 있다. 74년생 범띠는 故 육영수여사 피격사건, 민청학련 사건 등 사회적으로 불안한 해에 태어났고 현재 각 조직의 핵심 허리 역할을 담당하고 있다.

87년생 토끼띠는 6차 교육과정의 마지막을 경험하였으며 국민학교에서 초등학교로 학교 명칭이 바뀌고 초등학교에서 영어교육을 받지 않은 마지막 학년이다. 대학입시 등 한 살 아래인 88년생들과는 같은 Y세대이지만 비교적 다른 교육제도에서 성장한 특징을 가지고 있다.

〈표2〉 각 세대별 특징

세대	핵심 생애 가치	소비 철학	주거래 소매업태
B	생존	절약 (기능적 소비)	재래시장·백화점
BB	출세	과시적 소비 (준거 소비)	대형마트·백화점·TV홈쇼핑
X	경제	명품· 브랜드소비	백화점·쇼핑몰·면세점·인터넷 쇼핑몰·브랜드 로드샵
Y	재미&의미	스마트 소비	공급초과로 소비자 시프트(Consumer shift), 모바일 쇼핑·쇼핑몰 중심으로 다양한 옴니채널을 이용한 소비

① B세대: 국가 경제개발에 대한 자부심

1944년 이전 출생자들을 아우르는 명칭으로 2014년 현재 만 70세 이상의 고령층을 말한다. B세대는 흔히 전전세대戰前라 불리며 BB세대 이전 모든 세대를 통칭하는 것으로 볼 수 있다. 소비자 연구 분야에서 B세대에 대한 연구는 거의 다루어지지 않았다. 일본의 식민 지배를 경험한 대한민국 최고령층을 포함하고 있으며 8.15광복을 전후하여 태어난 해방둥이 세대송양민, 2010, 유년기에 한국전쟁을 겪고 청소년기에는 4.19를 경험, 경제개발이 본격화되는 5.16, 새마을운동을 겪은 세대함인희, 2002이다.[9] 즉, 우리나라 근 100년의 역사 소용돌이를 모두 겪으며 조국의 발전을 지켜본 세대라고 할 수 있다.

우리나라의 B세대는 일본의 식민지배와 한국전쟁을 겪은 것처럼 선진국 모든 국가의 B세대 역시 경제 대공황과 2차 세계대전의 참상을 직접 겪었던 사람들이다. 미국의 전문조사기관인 Pew Research Centre에 따르면 1928~1945년 출생자들을 Silent, 침묵의 세대로 부르며 B세대[Builders]는 1901~1925년 출생자들을 이르는데, 이를 우리나라의 비슷한 가치관을 지닌 세대로 구성해본다면 1944년 이전 출생자들과 같은 B세대

---

9 김미령 인용, 2011, 베이비붐세대, X세대, 준고령세대 여성의 삶의 질 구성요소 비교 연구

집단으로 보는 것이 바람직하다. 더불어 B세대를 조금 더 구체적으로 바라본다면 우리나라의 경우 해방둥이 세대가 이른바 'Younger Builders'에 속한다고도 볼 수 있을 것이다. B세대는 보통 자신이 속한 조직과 국가에 대한 충성도가 높고 이는 전쟁을 겪은 세대라는 공통점에서 비롯된 것으로 해석된다. 이들은 전쟁과 폐허 속에서 자신들이 맨손으로 이룩해낸 경제 부흥과 발전된 조국의 모습에서 긍지와 자부심을 느끼는 세대이기도 하다. 영화 '죽지않아'에서 82세 해병대 출신 할아버지가 대표적인 한국의 빌더스이다.

② BB세대베이비붐 세대: 출세는 사회적 지위와 부동산

1945~1963년에 출생한 사람들이다. 흔히 '베이비부머'로 불리면서 가장 많이 분석되어 비교적 잘 알려져 있는 세대이다. 우리나라는 물론 해외에서도 관련 연구가 활발히 진행되고 있다. 미국의 BB세대는 우리와 비슷한 출생년도1946~1964년를 바탕으로 2차 세계대전 이후 태어난 전후세대로 미국의 경제번영을 주도한 세대이다. 이웃 나라 일본의 경우, 단카이세대로 불리는 이들이 전후 세대를 대표하고 있다. 단카이세대團塊世代는 우리와 미국의 경우와 달리 출생년도가 1947~1949년[10]으로 기간은 짧으나 인구는 약 806만 명 수준이다. 단카이세대의

---

10 강창호, 박창수, 2009, 주거만족도가 베이비부머의 주거선택에 미치는 영향

은퇴로 일본의 장기불황이 더 악화되었다는 분석도 있다.

　우리나라 BB세대 출생분포는 일본 전후 세대보다 길고 두터운 층을 형성[11]하고 있으며, 전쟁을 겪었던 이전 B세대와는 달리 사회, 경제적으로 안정되는 분위기에서 어느 정도 성장했다. 이전 세대에 비해 높은 교육수준을 이루었고 현재 한국 사회 전반에 걸친 최정상 지위를 차지하고 있다. BB세대의 가치관은 가족 지향, 여성 권리 강화Feminism, 민주화와 자유 등으로 대변할 수 있으며, 한국 역사상 자산 축적을 가장 많이 한 세대라고 할 수 있다. 이들의 영향력 때문에 베이비부머의 본격적 은퇴가 가져오는 정치, 경제, 사회, 문화적 영향에 대하여 한국 사회는 주목해야 한다.

❶ career OR family

이민우 회장	▶ 나이: 2030년 만 72세1958년 개띠
	▶ 직업: 중견 유통업체 회장
	▶ 취미: 오토바이, 골프, 여행

---

11 김경록, 인구 구조가 투자지도를 바꾼다, 미래에셋투자교육연구소

▶ 이민우 회장은 BB세대 중에서도 성공한 축에 속한다. 그러나 많은 BB세대 여성들은 'career OR family' 사이에서 한 가지만 선택해야 했다. 보통 이들이 꿈꾸는 단란한 가정은 남편은 바깥일을 열심히 하고 부인은 남편을 내조하며 자식들을 키우는 모습이었다. 이민우 회장 역시 이러한 가치관과 크게 다르지 않은 가정을 이루어왔고 70세가 되어 은퇴한 후 부인과 함께 골프나 여행을 즐기거나 한 달에 두세 번 정도 오토바이 동호회 회원과 함께 수도권 교외 일대에서 할리 데이비슨을 즐겨 타기도 한다.

부인 김희정 여사 또한 젊은 시절 대기업 임원실에서 일하며 매우 유능한 비서로 인정받아왔다. 그러나 이민우 회장을 만나 결혼을 하고 첫 아이가 생기면서 다니던 직장을 그만두었다. 'career OR family'에서 가족을 택한 것이다. 이들보다 앞선 세대인 B세대의 경우 가족에 대한 무조건적 희생이 뿌리 깊은 가치관이었지만 베이비붐 세대는 직장과 가족 중 선택을 하는 세대로 변했던 것이다. 물론 그렇지 않은 경우도 많았지만, 대부분의 가정이 이러했다.

이들 부부자녀: 1남 1녀는 이번 여름, 캐나다로 이민 간 딸 내외를 만나러 갈 예정이다. 아들은 한국에서 살고 있지만 일이 바쁜 탓에 명절이나 가족의 생일이 되어야 얼굴을 볼 수 있다. 연락은 자주 하지만 마흔이 가까운 나이에도 아직 미혼인 아들이 걱정이다.

③ X세대: 경제력이 중요해진 세대

1964~1979년에 출생한 X세대는 캐나다 출신 더글러스 코플랜드의 소설 'Generation X'에서 그 명칭이 유래했다. X세대 역시 전 세계적으로 공통적인 출생 시기 기준은 없지만, 우리나라의 경우 1990년대 '신세대', '서태지와 아이들'을 아우르는 세대 명칭으로 자주 등장했다. 이전 세대에 비해 풍요로운 사회적 환경에서 성장했으며 소비지향 문화가 세대 전반으로 나타나는 등 기성세대와는 확연히 다른 가치관과 행동을 보인다.

또한, BB세대와 Y세대 가운데 위치한 샌드위치 세대로 중간적 특성을 지녔으며 초기 X세대를 제외하고는 정치적 이데올로기가 거의 없는 상태에서 젊은 시절을 보내고 컴퓨터와 인터넷의 확산으로 뛰어난 정보처리능력을 갖추기 시작한 세대이기도 하다. 더불어 간접체험에 익숙하고 특히 자신만의 개성을 표현하고자 개인의 여가생활에 적극적인 소비 지출을 하기도 한다. X세대부터 개인적 기호와 능력에 따라 독신을 추구하는 인구가 늘었으며 실용적 소비행태를 추구하는 세대이다. 우리나라는 1990년대부터 경영학과 사회학에서 X세대에 대한 연구가 활발히 이루어지기 시작했다.

❷ career AND family

이지현 변호사

▶ 나이: 2030년 만 56세^{1974년 범띠}

▶ 직업: 로펌 변호사

▶ 취미: 마사지, 조깅, 해외여행

▶ 이지현 변호사의 일과는 오전 6시 조깅으로 시작된다. 결혼 6년 만인 만 35세에 이혼하여 돌싱이 된 그녀는 여성의 사회진출이 본격적으로 이루어진 90년대에 대학생활을 했던 X세대이다. 친구 중 결혼한 이들도 많지만 그렇지 않은 사람들도 많다. BB세대와 달라진 점이라면 결혼을 하고 아이가 생겨도 자신의 일을 그만두지 않고 계속 경력을 이어나가려는 양상이 뚜렷하다는 것이다. 하지만 자신의 경력 쌓기에 몰두한 나머지 주변 사람들과의 관계가 소원해지는 경향도 함께 나타났다. 인터넷 보급이 이루어지던 시절에 대학생활을 했지만, 요즘같이 스마트폰이나 각종 IT기기를 통해 많은 지인들뿐만 아니라 타인들과 소식을 주고받는 Y세대들을 보면 잘 이해가 가지 않을 때가 많다.

로펌 사무실은 대게 오후 5시 반 즈음하여 퇴근 시간이다. 퇴근 후 이지현 변호사는 근처 마사지 매장으로 향한다. 6개월 회원권을 끊어놓고 다니는 곳인데 부모님은 왜 그런 곳에 돈을 쓰느냐고 하시지만 50세가 넘은 나이에도 미스 같은 몸매와 동안

④ Y세대: 저성장시대 경제활동을 하는 세대

Y세대는 1980~1999년에 출생한 세대로 보통 BB세대의 자녀들로 이루어져 있다. Y세대라는 용어는 미국 푸르덴셜보험회사에서 처음 사용한 것으로 2000년의 새로운 주역으로 등장하게 될 세대를 지칭하며, 다른 명칭으로는 '밀레니엄 세대'라고도 한다. 대학 입학 및 졸업 비율이 세계 최고 수준으로 높으며, 다른 세대에 비해 도전 정신이 강하다. 한국 역사상 가장 잘 먹고, 가장 잘 교육받아서 체격과 학력이라는 소위 스펙에서 한국 최고 수준을 구현한 세대이다. BB, X세대보다 수적으로도 가장 큰 규모의 소비 계층이며 컴퓨터와 모바일 앱 등 각종 IT 기기를 잘 다루어 IT문화에 익숙하다. 실용적이고 편리하며 다양성을 기반으로 하는 가치관이 주를 이루고, 이전 세대에 비해 글로벌 경험이 풍부하여 인종, 민족적 차이를 기꺼이 수용하는 글로벌 지향 특성을 보인다. '유엔미래보고서 2030'은 Y세대의 행복 추구 방법도 기성세대와는 다른 가치관을 보인다고 한다. 이들은 세심한 이상주의자로 포부와 비전이 크며, 현실과 경험을 조합하여 표현한다. 또한 공동체를 지향하면서도 자신만의 개성을 표현하려고 한다는 점이다. 또한 Y세대를

초기 Y세대와 후기 Y세대로 나누어 보았을 때 후기 Y세대가 초기 Y세대에 비해 어린 연령에서부터 디지털 문화를 접해왔다는 점에서 차이를 보인다.

❸ career AND self

박 제시카 사진작가

▶ 나이: 2030년 만 43세[1987년 토끼띠]

▶ 직업: 프리랜서 사진작가

▶ 취미: 배낭여행, 사진, 외국어

▶ 런던에서 일주일 째 머무르고 있는 박 제시카는 Y세대의 자유로운 이상향을 꿈꾸는 모습을 가지고 자신의 가치대로 살았다. 어렸을 때부터 각종 SNS를 자유자재로 다루어서 외국인 친구들도 많이 사귀어온 제시카는 이번 런던 사진 촬영여행을 위해 런던에 사는 친구 집을 어렵지 않게 숙소로 정하기도 했다. 아침에 버킹엄 궁 근위병 교대식 사진을 개인 홈페이지에 게시하고 난 지 얼마 지나지 않아 한국과 미국에 있는 가족들의 댓글을 확인한다.

저녁시간 전까지 제시카는 런던에서 만난 사진작가들과의 동호회 모임을 위해 얼마 전 구매했던 카메라 렌즈를 손보는 중이다. 렌즈 가격이 워낙 만만치 않은 터라 인터넷이나 모바일 중고장터를 통해서 괜찮은 렌즈 하나를 구매했다. 프리랜서 사진작가이다 보니 처음에는 수입이 그리 많지 않았다. 하지만 전 세계를 돌아다니며 외국어도 익히고 사진을 찍는 것만으로도 충분히 벅차오르는 감동을 느끼곤 했다. 물론 사진작가 일을 시작한 지 6년 차를 넘기면서 고정 여행칼럼을 쓰는 곳도 여러 군데 생기고 난 후 수입은 안정적인 수준으로 오르게 되었다.

사진작가 업무 이외에도 제시카가 요즘 준비하는 일이 또 하나 있다. 바로 뜻있는 해외 사진작가들과 '사진을 통한 세계 평화'라는 주제로 작은 NGO단체를 시작한 것이다. 더 나은 미래와 세계 평화라는 큰 목표를 향해 자신이 가장 잘할 수 있다고 여기는 사진으로 한 걸음씩 나아가 보기로 한 것이다. 제시카 역시 부모님 의견대로 전문직 시험이나 대기업 취직 준비를 했던 20대 시절이 있었지만, 지금의 프리랜서 사진작가 삶을 더욱 보람 있게 생각하며 생활하고 있다.

〈그림3〉 영화 죽지않아

출처: 네이버 영화

　세대와 관련하여 우리 사회는 최근 몇 년간 세대갈등의 중심
에 서 있다고 해도 과언이 아니다. 물론 어느 시대나 사회를 막
론하고 세대 간의 갈등은 존재해왔다. 일본도 BB세대인 단카
이세대가 자신들과는 전혀 다른 가치관을 가진 젊은 세대를 일
컬어 신인류라고 지칭한 바 있다. 말 그대로 기성세대의 입장
에서 바라볼 때 그들과는 다른 새로운 인류로 구분한 것이다.
그만큼 세대 간의 가치관과 시대적 경험에 따른 차이가 크다
보니 이에 따른 갈등이 사회적으로도 문제가 되었다.

　2013년 세대갈등을 풍자적 코믹요소로 표현한 영화 '죽지
않아'가 개봉하게 된 것도 이 문제에 따른 씁쓸한 사회상을 반
영한 것이다. 영화 '죽지 않아'는 놀고 싶지만, 돈이 없어 82세
할아버지의 30억 시골 전답 재산을 노리고 귀농한 손자 지훈,
지훈과 강남 나이트클럽에서 만나 하룻밤을 보낸 사이이자 유
산을 물려받으면 5억을 받기로 하고 할아버지에게 접근하는
은주, 82세가 넘었지만 점점 더 젊어지는 할아버지, 이 3인의
이상한 동거를 주제로 세대 간 갈등을 적나라하게 묘사한 저예
산 영화이다. 황금만능주의의 젊은 세대와 보수적 정치 성향을
가진 할아버지를 주인공으로 대화가 단절되어버린 세대 간의
갈등을 그린 영화라는 점에서 의의가 있고 세대갈등이 적대감
으로 번져 범죄로까지 이어진 현재 상황은 세대 갈등이 우리가
직시해야 할 사회적 문제라는 것을 여실히 보여 주고 있다.

가구 Household란, '주거와 생계 즉 소비생활을 한집에서 함께 하는 사람들'을 말한다. 가구 구성원의 숫자로 나타나는 가구의 형태는 가구원의 라이프스타일과 소비활동을 예측하는데 많은 시사점을 주며 이는 마케팅에서 매우 중요한 소비자 정보이다. 2000년 이전 한국의 전통적인 가구 형태는 4인 가구였고 가족이라는 용어 역시 일반적으로 부모와 자식으로 이루어진 4인 가족을 의미했다. 가구 구성원이 최근 1~2인 가구와 같이 소규모 형태로 나누어지는 이유는 도시화, 여성의 사회진출, 고령화, 저출산, 개인화 등 다양한 원인이 존재한다. 우리나라 역시 선진국과 마찬가지로 산업화, 도시화가 진행되면서 전통적인 대가족 형태에서 핵가족으로 변화, 현재는 나노가족이라는 용어가 나올 정도로 가구 구성원의 수가 분화되는 특징을 보이고 있다. 전 세계 선진국 주요 도시를 중심으로 1~2인 가구 비율이 급증하고 이혼이나 동거, 입양, 동성 부부 인정 등 전통적으로 가족을 의미해왔던 정의와 가치관이 서서히 변화하면서 가족의 개념과 정의도 변하고 있다.[12]

우리나라의 가구 변화 추이는 크게 2010년, 2020년, 2030년을 비교해볼 수 있다. 2010년 전체 가구 수는 1,735만 9,333가구이며 2030년에는 2,171만 6,589가구로 전체 가구 수는 총 인구의 증가보다 많이 증가할 것으로 예상된다.[13] 3인 이상 가구는 줄어드는데 비해 1인 가구, 2인 가구는 앞으로 20년간 각각 점유율이 10% 이상의 증가율을 보이고 있다. 2010년 이미 1~2인 가구의 비중이 4인 가구를 약 3% 비율로 앞섰다. 가구 구성원 변화 비율만을 통해 본다면 향후 1~2인 가구와 같이 구성원이 소규모인 가구 형태에 맞춘 소비 트렌드가 한국 소비시장에 가장 큰 시사점으로 작용할 수 있음을 예측할 수 있다. 3세대 이상이 동거하는 대가족 제도가 수천 년 동안 이어져 내려오다 산업화의 진전과 더불어 해체되고 부모와 자식으로 구성된 핵가족제도가 우리 사회의 주류로 자리 잡은 것이 불과 얼마 되지 않았지만, 이제는 2세대 동거도 해체되고 있는 것이다.

---

12 〈부록7〉 참고
13 〈부록8〉 참고

가구 구성원 수 변화는 소비자들의 소비행태, 성향, 라이프 스타일, 주택 수요 등을 알 수 있는 가장 기본적이며 핵심 자료로 활용되고 있다. 그만큼 가구변화는 사회 변화를 예측할 수 있는 초석이자 많은 시사점을 내포하고 있다. 서울시의 경우 이미 2000년대 중반부터 1인 가구를 지원할 수 있는 정책 연구가 진행되어 왔으며 2012년 9월에 발표된 서울시 여성 1인 가구 종합 지원정책이 2013년 6월 27일, UN공공행정의 날 기념식에서 'UN공공행정 우수상'을 수상한 바 있다.

1~2인 가구의 급성장

가화만사성家和萬事成이라는 말은 한 가정의 가훈으로도 많이 쓰이는 고사성어이다. 이는 본래 명심보감 치가편明心寶鑑 治家編, 집안을 다스리는 법에 나오는 문구이다. 원문은 '자효쌍친락子孝雙親樂 가화만사성家和萬事成'이며 그뜻은 자식이 부모에게 효도하면 즐거움이요, 집안이 화목해야 모든 일, 즉 만사가 잘 이루어진다는 것으로 예부터 가정을 사회의 근간으로 본 것이다. 가정을 가장 기본적인 조직 단위이자 인간이 세상에 태어나 처음으로 마주하는 공동체 생활의 장소로 중시하였다는 것을 알 수 있다. 그러나 마케팅 측면에서는 소비주체인 '가구家口'로 접근하여야 한다. 최근 1인 가구 경제를 의미하는 '솔로 이코노미Solo-economy'라는 용어가 새로 등장한 것처럼 1~2인 가구와 같이 소규모 가구 자체를 하나의 소비주체로 여기고 이를 분석하는 연구들이 봇물 터지듯 많아지고 있다. 그만큼 시대와 사회가 과거와 달리 급변하면서 사회 구성의 기본 단위인 가구의 형태도 빠르게 변화하고 있는 것이다.

2013년 산업연구원 발표에 따르면 1인 가구의 월평균 소비지출은 2012년 약 92만 원 수준이었던 것에 비해 2030년에는 100만 원을 넘어서는 수준으로 증가할 것으로 전망하고 있다.[14] 물가상승률의 영향도 있을 것이나 실질적인 1인 가구의 소비지출 규모가 커짐으로써 소비시장에서 무시할 수 없는 중요한 소비주체로 떠오르고 있다. 이에 따라 소규모 가구를 주요 소비자 타겟으로 하는 유통·서비스 시장이 앞으로 유망한 블루오션이다. 2013년 대한상공회의소 1인 가구 조사에서도 1인 가구[32.9%]는 3~4인 가구[17.2%]에 비하여 월 가처분소득이 상당히 높은 편이다. 양육이나 가족부양에서 더 자유로운 1인 가구 SOLO는 S^{self}, O^{online}, $L^{low\ price}$, $O^{one\text{-}stop}$라고 정의되는 소비행동을 보이고 있다.

도시화의 심화, 싱글족 증가, 1인 가구 증가는 주택시장에서 먼저 바람이 불었다. 일본, 유럽과 마찬가지로 쉐어 하우스, 부

---

14 〈부록9〉 참고

분 임대주택 등 다양한 주택 공급이 이루어지면서 오피스텔과 도시형생활주택 공급이 활발하다. 1~2인 가구와 같이 소규모 가구들의 소비성향은 소형 가전, 소형 주택 등 이른바 '소형'을 추구하는 경향을 보인다. 또한 2,30대 1인 가구는 오락·문화 분야의 소비지출이 4인 이상 가구에 비해 증가율이 높은 경향을 보였으며 60세 이상 1인 가구는 기타상품, 서비스 분야에서 복지나 의료와 관련된 지출 비중이 높게 나타난다. 3인, 4인 이상의 가구 구성원은 보통 부모와 자녀들로 구성된 가구 비율이 높다보니 특히 교육 분야의 소비지출이 두드러졌다. 종합하면 소규모 가구 형태일수록 여가, 문화 등과 같이 자아실현형 소비지출 규모가 커지며 대형 마트가 아닌 편의점, 슈퍼마켓 등 근린형 소비성향을 보인다. 또한 스마트폰 등 각종 IT 기기들을 활용한 온라인, 애플리케이션으로 가상공간에서의 쇼핑을 빈번하게 이용하는 것으로 파악된다.

특히 65세 이상의 노령 1인 가구의 비중도 2010년 29.4%에서 2030년 49.6%로 1인 가구 절반에 해당할 것으로 예상된다. 노인층의 1인 가구 증가는 실버산업의 성장을 불러오는 계기가 될 것으로 보이나, 1인 가구 중 빈곤층에 해당하는 52.5%는 고령 여성 가구 비중이 높을 것이라는 분석[15]이다. 이들 가구는

---

15 1인 가구의 주거 특성 분석, 2012, KB금융지주 경영연구소

꾸준한 관심 대상이며, 연령별에 따라 특징이 다소 다르다는 점에 주시할 필요가 있다. 이런 이유로 1인 가구를 대상으로 하는 정부의 정책이 나오고 있긴 하지만, 여전히 대부분의 사회 제도가 기존 4인 가구를 기초로 하기 때문에 앞으로 하나의 이머징 마켓이 될 수 있는 1인 가구에 대한 사회적 제도, 정책 변화에 보다 주목할 필요가 있다.

세대별 1인 가구 특징

소비시장의 중요한 요소로 작용하게 될 1인 가구는 세대별로도 그 특징이 다르게 나타나는데 각 세대 1인 가구 특징을 살펴보자.

① 20~30대 1인 가구: 높은 소비 관심, 금전적 한계

인터넷이나 스마트폰 애플리케이션 등을 통해 소비하고자 하는 것에 대한 정보수집 능력이 어느 세대보다 뛰어난 편이다. 새로운 상품이나 서비스에 관심이 많고, 특히 의상 구매에 있어서는 브랜드를 많이 선호하는 편에 속한다. 하지만 사회초년생의 연령이 높아지면서 아직 경제적 한계에 많이 부딪히기 때문에 세일기간을 주로 이용하거나 카드 결제를 하는 편이다. 특이한 점은 인스턴트보다 외식을 선호하는 경향을 보인다는 것이다. 20~30대 역시 건강에 대한 관심이 높으며 건강을 챙

기기 위해 노력하지만, 회식이나 모임으로 인해 술자리가 잦은 편이고 유기농에 대한 관심도 있지만, 바쁜 직장 생활 등으로 인해 건강관리 실천은 못 하는 편이다.

주택 구매 양상 역시 직장이 많이 몰려있는 수도권을 선호하며, 소규모 가족 구성원에게 맞는 소형 주거형태를 선호한다. 그러나 주택 구매에 있어서도 경제적 여유가 없기 때문에 주거에 대한 인식이 다른 연령층에 비해 약하고, 그뿐만 아니라 자신의 직업에 대한 확신이 부족하다. 여기에는 자아실현을 충족하려는 성향과 실제 자신의 직업에 대한 고민 사이에서 많을 갈등을 보이기 때문으로 해석된다.

② 40~50대 1인 가구: 의외로 높은 인터넷 활용도와 높은 직업 만족도

20~30대와는 달리 쇼핑은 주로 백화점을 이용하는 경향을 보이며, 직업에 따라 각자 다양한 구색의 옷을 가지고 있다. 또한, 이미 오랜 시간 물건을 구매하면서 자신의 스타일과 소비 성향을 파악하고 있기 때문에 충동구매가 크게 이루어지지 않는 연령층이기도 하다. 특히 맛에 있어서 미각이 발달하는 연령대이기 때문에 외식은 주로 맛이 좋다고 생각하는 곳을 선호한다. 건강에 대한 관심이 높으며 충분한 구매력을 갖고 있기 때문에 친환경, 유기농 제품을 이용하는 것으로 나타났다.

주거 형태는 직장과 문화생활을 즐길 수 있는 수도권을 선호하며, 가격문제로 인해 주로 아파트나 오피스텔에 거주하는 것으로 보인다. 자신의 집에 대한 인식은 단순히 잠만 자는 공간이 아닌 보금자리이자 자신만의 시간을 보낼 수 있는 편안한 안식처로 생각하고, 이에 대한 가치관을 중요하게 여긴다.

직업과 자아실현에 있어서도 일에서 생계수단 이상의 목표 성취를 이루는 것이 자신의 직업이라고 인식하고 있다. 대체로 40~50대 연령층은 직업에 대한 만족도가 높게 나타나는 편이며, 여가시간에는 보통 혼자 지내는 경우가 많다. 해외여행을 선호하고 의외로 인터넷을 활용하여 정보를 얻는 활용도가 높았지만, 온라인 쇼핑몰이나 단순한 정보 검색 수준을 넘어서는 경우는 능숙하게 활용하지 못하는 경향을 보인다.

③ 65세 이상 1인 가구: 구매는 소형 매장, 결제는 현금으로

20~50대 연령층이 결제를 주로 카드를 이용하는데 비해 65세 이상 연령층은 현금 결제가 많은 비중이 높다. 또한 개인의 생활 활동 범위가 주로 정해져 있기 때문에 자주 이용하는 소형 매장에 대한 충성도가 높은 편이다. 새로운 물건이나 서비스에 대한 관심은 있어도 구매는 늘 이용하는 곳에서 주로 하기 때문이다. 백화점 이용도도 높은 편이며 쇼핑할 때 물건이나 서비스의 품질을 매우 중요하게 여긴다.

소비하고자 하는 것에 대한 정보를 적극적으로 찾기보다는

브랜드에 대한 신뢰에 따라 소비를 하며 식생활에 있어서도 배달음식, 인스턴트 보다는 직접 조리하는 것을 선호한다. 가장 높은 연령층이다 보니 건강에 대한 관심이 어느 연령층보다도 높다. 이러한 이유로 음주를 하는 경우는 별로 없으며 대신 영양제, 채소와 과일 섭취가 주를 이룬다.

노후생활에 있어서는 자신만의 집이 반드시 있어야 한다는 생각이 강하며 내 집 소유에 대한 인식이 가장 높다. 이는 나이에 따라 안정적인 삶을 선호하는 모습으로 알 수 있다. 일하는 경우 자아실현을 위해 하는 편이 대부분이며 여가생활이나 해외여행도 모두 긍정적으로 여기고 있다. 또한, 노인 연령층이라 하더라도 외모관리에 투자하기도 한다. 인터넷보다는 TV나 라디오를 통해 정보를 접하며 개인적인 오락을 즐기지만, 다른 사람들과 섞이는 것보다는 혼자 독서를 하거나 조용히 시간을 보내는 편을 선호한다.

2

한국 소비시장 10대 메가트렌드

What?

미국의 트렌드 전문가 페이스 팝콘은 평균 10년 이상 같은 방향으로 지속되는 속성을 가진 사회 현상을 트렌드Trend라고 설명하였다. 여기에 메가트렌드Mega trend란 초대형 트렌드로 10년 이상 지속되며 문화와 국가를 뛰어넘어 인간 삶의 질Quality of Life과 소비자 라이프스타일에 큰 영향을 미칠 수 있는 변화의 바람으로 정의할 수 있다.

6개월~1년 정도 일시적 기간의 인기인 유행Fad, 그리고 유행보다는 조금 더 지속되지만 유행과 소멸의 사이클이 존재하는 패션Fashion과는 달리 트렌드와 메가트렌드는 '장시간 지속되는 대세'라는 특성을 가지고 있는 것이다.

2030년까지 한국 소비시장에서 점차 강화되는 메가트렌드를 4개 분야, 총 10개로 추출해 보았다. 이들 메가트렌드는 개별적인 독립현상이 아니라 서로 끊임없이 영향을 주고받으며 소비자의 생활과 가치관, 소비패턴, 정부 정책 등 다양한 분야에서 새로운 변화를 이끌어낼 것으로 예상된다.

한국 소비시장 10대 메가트렌드를 선정하는 과정은 크게 세

단계로 이루어졌다. 첫 번째 과정은 인구구조와 라이프스타일, 기술, 정치·사회, 문화 분야로 소비 관련 트렌드를 4가지로 범주화하였다. 두 번째 과정은 Google, Naver, Daum 등 인터넷 검색엔진을 통해 트렌드 키워드 100여 개를 수집하여 최근 3년간 그 빈도가 증가하는 키워드를 60여 개로 압축하였다. 마지막 세 번째 과정은 대표 필자의 대학원 교과목인 "유통구조분석"이라는 코스에서 20~30대 대학원생들과의 토론과 투표를 거쳐서 최종 10개 메가트렌드를 확정하였다.

전문가 집단 피드백은 유통 산업 애널리스트, 한국 주요 유통 회사 임원들과 마케팅, 유통 관련 교수들로 구성된 한국유통포럼[KRF]을 통해서 이루어졌다. 제2장 메가트렌드 10개와 더불어 제3장 2030 성장의 열쇠 7개 항목 리스트는 한국유통포럼 전문가집단 세미나를 통해 평가된 중요도 순으로 나열한 결과이다. 중요도란 출현 가능성[Possibilities]과 소비에 미치는 영향력[Impacts] 2가지 요인을 말한다.

〈표3〉 2030년 10개 메가트렌드	
	10대 메가트렌드
인구구조·라이프스타일	초 고령화 , 1~2인 가구, 멀티시티라이프
기술	보안, ICT, BIO
정치·사회	남북경제통합, 메가시티
문화	E&M 산업, 판–아시아

인구구조·라이프스타일의 경우 통계청을 비롯한 UN이 발간한 보고서에서도 메가트렌드 변수만으로 고령화와 저출산, 멀티시티라이프, 그리고 1~2인 가구의 증가를 추출하였다. Google에서 미래 인구구조를 검색하면 대부분의 키워드가 이 네 가지에 집중되어 있다. 키워드의 집중은 그만큼 많은 사람들이 인구구조의 변화에 있어서 공통된 의견을 보이고 있다는 것이다.

기술 분야에서는 미래 기술로 보안, ICT, BIO가 선정되었다. 정치·사회와 문화 분야는 우리나라와 해외 선진국들의 상황에 따라 공통점, 차이점이 각기 나타났다. 분단국가인 우리나라는 남북경제통합이 정치·사회에서 예상되는 핵심 메가트렌드이다. 특히 전 세계적으로 도시화가 더욱 확산되는 추세 속에 이른바 '메가시티Mega city'가 발달할 것으로 보인다. 남북경제통합과 메가시티가 결합한다면 예컨대 서울과 인접한 개성이 하나의 거대한 메트로폴리탄을 이루거나 신의주~평양~서울~부산으로 이어지는 물류채널이 한국의 경제 중추로 새로 자리 잡을 것이다.

문화분야에서는 E&M엔터테인먼트·미디어 산업이 저성장 시대의 돌파구로 그 중요성이 커질 것이다. 이는 고부가가치 서비스 산업으로 앞으로 지속 성장할 것으로 예상된다. 여가 생활과 여행 트렌드가 융합되는 판-아시아Pan Asia는 현재 우리 사회에서 불고 있는 '치유Healing' 열풍과도 많은 관련이 있다. 해외 배낭여행이 낯설지 않은 시대가 되면서 유명한 관광도시보다 다양한 도시로의 여행을 선호하게 될 것이다. 아시아의 세기Century of Asia를 맞이하여 아시아인으로의 정체성과 자부심이 강화되고 아시아 문화적 가치Asian values를 활용하는 사업들이 부상할 것으로 보인다.

영국의 투자은행인 스코틀랜드왕립은행^{RBS}은 현재 총인구의 24.1%가 65세 이상 고령인구로 이루어진 초 고령화 사회의 대표국가인 일본의 사례에서처럼 한국도 이와 유사한 경로를 따라 가고 있다고 보았다. 보통 노령 인구가 전체 인구에서 차지하는 비율에 따라 고령화 사회^{Aging society}, 고령 사회^{Aged society}, 초고령 사회^{Super-aged society}로 나누어진다. 2000년 고령화 사회에 진입한 대한민국은 2025~2030년에 초 고령화 사회로 진입하는 것으로 예상하고 있다. 문제는 우리나라의 고령화 진행속도가 세계에서 가장 빠르다는 점이다. 2030년 전체 인구 5,216만 명 중 1,269만 명이 고령인구로 분류될 것이라는 전망이다.

이 같은 예측은 고령 사회로 전환되는데 프랑스는 115년, 미국은 71년, 일본은 24년이 소요되었지만, 한국은 불과 19년

2000~2018년이 소요되는 것으로 예상되기 때문이다. 고령화 사회에서 초 고령화 사회로 진입하게 되면 노인 인구에 대한 사회적 비용이 급격하게 증가하고 생산가능인구의 감소로 이어져 국가 경제발전에 큰 걸림돌이 될 수 있다. 이 때문에 초 고령화가 인구구조의 변화에 있어서 가장 큰 관심사로 대두되는 것이다. 특히 의료분야의 사회적 비용이 급증할 것으로 보이는데 전체 의료비 274조 9,000억 원 중 노인 의료비는 158조 원에 이르며 당뇨, 치매 환자 숫자도 현재 1,073만 명 수준에서 2030년에는 1,679만 명으로 늘어날 것이라는 보고가 있다.

우리나라는 기대수명 연장과 출산율 저하 등으로 인구구조가 빠르게 고령화되고 있다는 것은 이미 언론에서 오랫동안 사회적 이슈이자 문제점으로 다루어 왔다. 2030년의 생산성 역시 고령화에 지대한 영향을 받게 될 것이며, 이는 소비구조와 최종 소비시장인 소매 유통에도 강력하고 지속적인 영향을 주는 등 경제 변화의 핵심동인으로 작용할 것이다. 고령화 피해를 최소화하기 위해서 여성인력 활용과 이민자 정책 등이 있다. 이민자 정책은 문화적 차이로 인한 부작용 등 사회적 비용을 수반할 수 있으나 여성 인력 활용은 보다 긍정적으로 검토되어 활성화되어야 할 것이다.

이웃나라 일본은 2007년부터 초 고령 사회로 진입하였고, 2010년부터 절대 인구가 증가하지 않고 있다. 이 때문에 이전부터 고령화 대책에 대한 논의가 어느 나라보다도 활발히 이루어져 왔다. 일본 역시 저출산과 평균 수명 증가 등으로 고령화가 가속화되어 왔고 실제 1995년 '고령사회대책기본법'을 시행하였다. 분야별로 고령화에 대비한 예산을 편성하고 그에 맞는 대책을 발표하고 주요법률과 시책을 개정하는 등 국가 차원에서 철저한 준비를 한 것이다.

따라서 한국 인구통계 20년 선배국가인 일본의 소비시장 변화를 주의 깊게 살펴볼 필요가 있다. 예를 들어 흔히 일본은 자판기의 천국이자 편의점이 다양한 종류로 발전한 나라이다. 우리나라는 편의점으로 장을 보러 간다는 인식이 거의 미비한 반면 일본의 편의점은 노인들이 직접 카트를 끌고 장을 보는 것이 낯설지 않은 풍경이다.

여기에 일본과 한국에 이어 중국의 고령화도 빠른 속도로 나타나고 있다. 중국고령화연구센터에서는 현재 중국 내 노령 인구 비율이 전체인구의 15%에 이르며 약 2억 2천만 명의 인구로 이미 초기 고령화 사회에 진입하였다고 발표한 바 있다. 이 때문에 그동안 중국 정부가 고수해오던 1가구 1자녀 정책을 완화하기도 했다.

이처럼 고령화는 저출산과 인간의 기대수명 연장에 따른 향후 인구구조·라이프스타일에 있어 가장 큰 메가트렌드로 정치, 경제, 사회, 문화 모든 분야의 변화를 가져오는 핵심 동인이다.

초 고령화는 소비시장 변화를 가져오는 메가트렌드 중에서도 가장 큰 현상이다.

Korea will be a super-aged society in 2025. That will be the biggest force to affect the consumer market.

　현재 새로운 소비 집단으로 급부상하고 있는 우리나라 1인 가구 비중은 4가구당 1가구로 25%이며 연간 소비 지출액은 59조 원에 이르러 전체 가구 소비 지출액의 약 12%를 차지하고 있다. 통계청은 2030년 1인 가구 비중을 33% 이상으로 예측하고 있으며, 여기에 2인 가구 비중까지 더하게 되면 1~2인 소형 가구 규모가 전체 가구 수의 66% 이상으로 급격히 증가하게 된다. 여기에는 다양한 원인이 존재하지만 그중에서 교육 수준 향상과 개인주의 확산, 초혼 연령 상승 및 고령화, 여성의 사회 진출 확대, 싱글과 이혼에 대한 사회적 통념과 가치관이 관대해지는 등의 원인을 들 수 있다.

　1~2인 가구의 소비지출 패턴을 살펴보면 자신에 대한 투자 활동이 다른 가구에 비해 지출이 높은 편이다. 그리고 1~2인 가구 내에서도 연령대에 따라 독거 이유가 다르게 나타나는데 그

중 도시화와 관련된 20~30대 연령층으로 학업이 주된 원인이며 또한, 주택 마련이 쉽지 않은 경제적 문제 때문으로 보인다.

마켓에는 1~2인 가구 비율의 증가로 소포장 식품, 미니 밥솥, 미니 세탁기 등과 같은 소형 상품이 다양한 모델로 출시되고 있다. 크기는 줄이되 성능은 유지하고 제한된 자원을 효과적으로 사용하여 신체적, 정서적 안정을 중요하게 여기는 소비 패턴을 보이고 있다.

이미 선진국 주요 국가를 중심으로 1~2인 가구 숫자는 지속적으로 증가하여 왔으며 도시화, 개인화와 긴밀한 연관성을 가지고 있다. 미국, 유럽과 일본의 1인 가구 비중과 그에 따른 사회적 영향 중 현재 가장 민감하게 반응하고 있는 소비시장은 주택시장인 것으로 나타난다.[16]

유럽에서는 1인 가구가 이미 성숙기 단계로 접어들어 1인 주택시장이 트렌드로 자리 잡은 지 오래되었다. 아시아 지역에서도 빠른 속도로 증가하는 1인 가구의 수요에 따른 소형 임대주택이 다양화되고 있는 것으로 파악된다.

우리나라 1~2인 가구 증가 추세는 미국·유럽·일본과 같이 지속될 것이며, 소형 주택이 시장에서 주를 이루게 됨에 따라 기본적인 의식주衣食住 관련 소비 역시 '소형 주택형 라이프스타일'에 맞추어지는 경향이 더욱 강화될 것으로 보인다.

---

16 〈부록10〉 참고

일본은 1인 가구가 늘어나면서 안정적인 주거문화 정착을 위해 소형 주택공급을 확대하고 전문적인 임대관리업체가 등장하였다. 대도시일수록 1~2인 가구의 비중이 높아지는데 이들의 소득 수준이 높아지면서 주거 환경의 퀄리티에 대한 요구도 함께 증가하는 경향을 보였다. 공동생활에 대한 인식 변화로 대도시에서는 쉐어형 주택[17]과 부분임대주택[18]과 같은 다양한 1~2인 가구를 공급하는 임대 주택시장이 활성화되고 있다.

1~2인 가구의 고령화

1~2인 가구와 고령화라는 메가트렌드는 최근 독거노인에 대한 사회적 문제를 대두되고 있다. 2012년 한국보건사회연구원은 1인 가구 4,000명을 대상으로 설문조사를 실시하였다. 20~30대, 40~50대, 60대 이상의 연령층으로 나누어 주거, 주요 독거이유, 힘든 점, 독거생활의 중요한 요소, 걱정거리 등 항목별로 조사를 진행하였다. 이 과정에서 40대 이상부터 자신의 건강에 대한 부분을 가장 걱정하며, 60대 이상이 되면 여유

---

17 욕실 및 주방은 공동으로 사용하나 각자의 방을 가지는 형식. 주로 기존 주택을 리모델링해 공급했으나 최근 임대 전문 주택사업으로 확대되고 있다.

18 기존 중대형주택에 별도의 현관문을 마련하여 사생활 침해가 없는 2개의 독립공간으로 분리시킨 형태이다. 최근 대형주택을 보유한 고령계층을 중심으로 리모델링 수요가 증가하는 추세이다.

자금의 부족으로 소비지출은 급격히 감소하는 경향을 보인다는 점과 여유시간과 대화 상대의 부재, 고령화로 인한 고독사孤獨死 등의 문제점이 지적되었다. 고령화에 따라 사회적으로 의료비 지출이 증가하는 현상은 1~2인 가구에서도 크게 다르지 않으며 가구 구성원들이 공통적으로 가지고 있는 고민과 문제점을 해결해 줄 수 있는 사회복지환경의 솔루션 개발이 절실하게 필요하게 되었다.

정부는 현재 2020년 실버산업 시장 규모가 125조 원까지 성장할 것으로 보고 있다. 노인층을 대상으로 하는 유통과 소비 시장이 확대될 것은 자명한 사실이다. 그러나 갑자기라기보다는 꾸준히 증가한다는 점을 명심할 필요가 있다.

Mega Trend Core Message [2]

1~2인 가구는 새로운 성장 시장이자 블루오션이다.

One or two person(s) household(s) are the new Blue Ocean.

정보통신기술을 의미하는 ICT Information Communication Technology 를 단순히 정보기술Information Technology: IT로 줄여 말하기도 한다. 2013년 국회 본회의에서 'ICT 진흥특별법'이 통과되면서 그동안 정부 부처별로 산재되어 있던 ICT 정책도 통합 관리되어 본격적인 기술 융합이 이루어질 것으로도 기대된다. 기존의 제조업과 달리 아이디어가 중심이 되는 ICT는 이종 산업 간의 장벽을 허물고 자동차, 항공, 조선산업 등 여러 유형의 산업 기술과 동반 성장을 모색할 수 있기 때문에 중요한 비즈니스 모델을 창출할 수 있는 무궁무진한 가능성을 가지고 있다.

소비시장 또한 ICT를 바탕으로 새로운 소비 수요를 창출하거나 유통 채널을 혁신하는데 큰 도움을 얻고 있다. 특히 스마트폰과 같은 IT 디바이스의 빠른 보급은 언제 어디서나 다양한 유통 경로에 소비자들이 접근할 수 있는 환경을 조성하였고 젊은 소비층은 물론 중장년 소비자들도 이러한 환경에 빠른 적응을 보이면서 모바일 쇼핑은 하나의 거대 채널로 변화하고 있다.

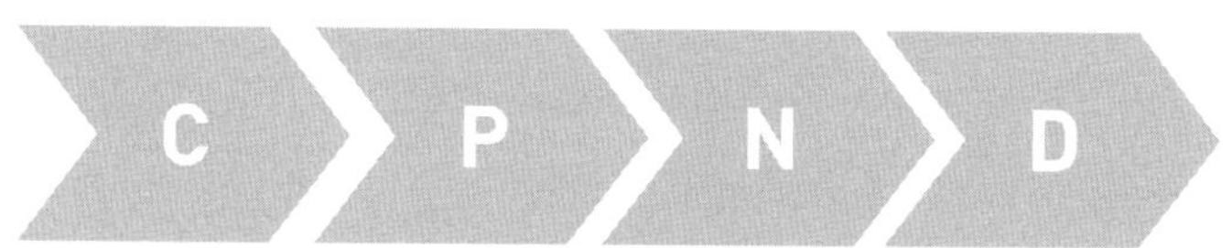

〈그림4〉 기존 ICT 생태계 흐름

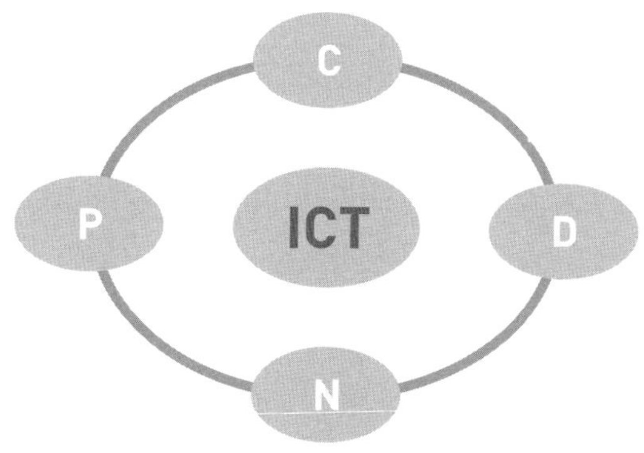

〈그림5〉 새로운 ICT 생태계 흐름

ICT 생태계의 변화

기존의 ICT 생태계는 콘텐츠^{Contents}-플랫폼^{Platform}-네트워크^{Network}-단말기^{Device}로 이루어져 있었다. 보통 C-P-N-D로 나타내기도 하는데 과거 이들 4가지는 하나의 조합으로 여겨지기보다는 각각 떨어져 하나의 분야를 이루고 그 분야에서 이른바 '잘 나가는' 기업이 있기 마련이었다. 단말기에서는 모토로라와 노키아와 같은 제조업체가 강세였지만, 시간이 흐르면서 ICT 생태계에도 많은 변화가 일어났다.

새로운 ICT 생태계 흐름은 C-P-N-D가 서로 독립적인 것이 아닌 상호 협력하는 하나의 생태계가 될 것으로 예상된다. 거대 기업 같은 경우 하나의 생태계를 독자적으로 이룩하거나 그렇지 않은 기업들은 서로 협력하여 컨버전스의 힘으로 새로운 생태계를 만들어 가고 있다. 정부에서도 이미 신성장 동력으로 ICT를 주목하고 있으며, 전 세계 많은 국가들도 ICT에 대한 지원을 아끼지 않고 있다. 우리나라도 IT 강국의 명성을 이어가기 위해서는 하드웨어에 비해 뒤처져 있는 소프트웨어 분야의 지원과 인력 양성에 주력해야 지속 성장이 가능한 ICT 생태계 발전을 도모할 수 있다.

빅 데이터^{Big Data}와 클라우드 컴퓨팅

IBM은 'Harness the Power of Big Data'에서 전 세계 데이터의 90%가 지난 2년 동안 생성되었으며 스마트폰을 데이터 급증의 주요원인으로 지목했다. 이는 스마트폰 시장이 성장하기 전 PC 컴퓨터를 사용해오던 이용자들을 떠올려본다면 이미 오래전에 예견된 일이다.

개인이 컴퓨터를 사용하면서 모자라는 데이터 용량을 늘리기 위해 기가바이트 단위에서 테라바이트의 외장하드를 구입하는 사람들도 많아졌다. 또한, 자유로운 데이터 이동을 위해 웹하드와 USB를 구입하는 등 이른바 '데이터 소비 행위'가 활성화 되었다. 빅 데이터와 클라우드 컴퓨팅 기술의 등장은 자연스러운 일이며 소비시장을 고도로 정보화할 수 있는 기술이다.

단순한 데이터양의 문제가 아니라 데이터의 다양성, 정확성은 물론 이를 통해 미래를 예측할 수 있는 통찰력을 가지고자 하는 것이 바로 빅 데이터이다. 세계적인 정보기술 연구·자문 회사인 가트너가 빅 데이터를 일컬어 '21세기의 원유'라고 표현한 것도 그 활용 방법이 무궁무진하기 때문이다.

클라우드 컴퓨팅 역시 인터넷 서버를 통해 장소에 구애받지 않고 자기 자신이 원할 때 데이터와 각종 콘텐츠 등을 이용할 수 있는 환경의 확대를 가져왔으며 이는 빅 데이터의 분산처리를 가능하게 하는 것이다.

각종 IT 디바이스와 빅 데이터, 클라우드 컴퓨팅이 결합한다면 그 시너지 효과로 엄청난 고부가가치를 창출하게 된다. 유통산업과 소비시장에서도 ICT 발전에 힘입어 더욱 다양해지는 소매채널들이 옴니채널Omni-Channel, 여러 유통 채널을 유기적으로 결합하여 고객 경험을 극대화 하는 것로 발전하기 시작했다. 그리고 이전부터 바코드를 대체할 새로운 인식 기술로 인정받아 온 RFIDRadio Frequency Identification를 빅 데이터와 함께 유통 정보망을 구축하는데 있어 꾸준한 시도가 이어지고 있다. RFID는 매우 작은 크기의 극소형 칩으로, 칩 내부에 재화/서비스의 각종 정보를 저장, 무선으로 해당 정보의 송신이 가능하다. 기존 바코드는 정보의 수정 및 삭제가 불가능하며 정보의 인식도 몇 센티미터cm 이내의 근거리에서만 가능하다는 단점을 가지고 있었다. 실제로 한국전자통신연구원에서 RFID를 통해 방대한 양의 정보들을 관리하는 네트워크 시스템 구축 및 해당 플랫폼의 국제 표준화를 추진[19]하고 있으며 그동안 유통산업에서 실질적인 RFID 도입이 미루어져 왔지만 스마트폰의 확산과 더불어 QR코드 등과 함께 유통 정보의 관리가 체계적으로 이루어질 수 있는 기술적 혁신이 본격적으로 이루어질 것이라 기대하고 있다.

---

19 RFID 기반 유통정보 공유를 위한 공통표준플랫폼 기술, 김짐, 강민수(2013), 한국정보과학회, 정보과학지 31(2), 47~53

ICT 발달로 소비자와 기업 간 정보비대칭이 사라지고, 융합을 통하여 새로운 경제 생태계가 만들어 지고 있다.

One of the result of ICT convergence will be new business models. There will be no asymmetry between consumers and companies.

세계 각 국가는 본래 원시 부족사회에서 시작하여 도시국가로 발전하였고, 이후 하나의 제국과 같은 모습의 국가로 발전했다. 도시국가에서의 도시는 국가와 같은 역할을 수행하였으며 고대 그리스의 아테네와 이탈리아의 로마제국 역시 도시국가에서 출발하였다.

도시^{都市}의 어원을 살펴보면 도^都는 도읍을, 시^市는 시장을 뜻하는 것으로 도시는 한 국가의 정치·경제·사회·문화적 모든 활동의 중심지를 의미한다. 이 모든 활동을 이루는 근간은 타 지역에 비해 많은 거주 인구이며 교통의 중심지로 모든 물자와 정보가 가장 왕성하게 교류되는 곳이다. 동서양의 고대 도시들도 이와 같은 역할을 수행하였고 현대 사회에서도 마찬가지이다.

현대에서의 도시화는 메가시티와 같은 거대 도시로 발전했으며 여기에 그 영향을 받는 주위 지역까지 아우르는 형태로 나아갔다. 메가시티는 인구수를 기준으로 설정하기도 하는데 도시의 규모와 형태에 따라 지칭하는 용어가 다양하다는 것은 그만큼 도시의 중요성이 더욱 커졌다는 것을 의미한다. 메가시티 개념으로 살펴보면 서울, 인천, 경기도는 인구 약 2,400만 명의 거대한 메가시티로 재인식할 수 있다.

즉, 메가시티 내에서 이루어지는 물류량과 정보의 유통망은 촘촘하게 구성되어 있으며 하루에 거래되는 경제규모가 메가시티의 규모를 반영해준다.

매년 발간되는 유엔의 세계도시화 전망보고서World Urbanization Prospects에서는 도시 인구가 천만 명이 넘어서는 도시를 메가시티로 정의하고 있다. 마치 도시가 과거 인류의 조상들이 그랬던 것처럼 하나의 거대한 문명을 이룬 것과도 같은 모습인 것이다. 특히 주목할 만한 것은 2025년 전 세계 메가시티 10위권 내 도시들 중 7개 도시가 아시아에 집중되어 있다는 점이다.[20]

선진국과 개발도상국들 모두 메가시티의 형태로 나아가는 모습을 보이며 2030년 미래 메가시티의 수는 더욱 증가하며 전 세계 인구의 60%인 50억 인구가 해당 지역에 거주할 것으로 예상된다. 메가시티의 발달은 거대 소비시장의 거점으로 작용할 것이며, 몇 개의 메가시티를 상대하느냐가 그 회사의 규

---

20 〈부록11〉, 〈부록12〉 참고

모를 결정할 것이다.

우리나라 또한 2013년 상반기 시도별 인구수를 살펴보면 서울의 인구수는 이미 1,100만 명을 기록하여 메가시티에 해당한다. 서울 인근의 인천과 경기도 인구도 각각 280만 명, 1,200만 명을 기록한 것으로 보아 수도권은 우리나라 전체 총인구의 약 절반가량이 거주하고 있다. 결국, 서울 수도권은 세계적으로 인구밀도가 가장 높은 메가시티인 것이다. 이와 같은 메가시티 현상은 전 세계 거의 모든 국가에서 일어나는 현상이며 아시아 지역의 인구와 메가시티 증가는 후술하게 될 메가트렌드인 판-아시아와 관련하여 아시아 전체의 비중과 가치를 증가시키는 요인으로 작용할 것으로 보인다.

즉, 문화와 경제·정치 등 거의 모든 분야에서의 주요 무대가 아시아로 옮겨지는 '아시아 시프트 Asia Shift'가 본격적으로 일어나는 것이다.

파리의 그린 메가시티 정책 '르 그랑 파리 프로젝트'

메가시티와 관련된 실제 도시계획 사례 중 하나인 '르 그랑 파리 프로젝트 Le Grand Paris Projects'는 프랑스 전 대통령 사르코지에 의해 처음 시작되었다. 이는 프랑스 수도 파리와 인근 수도권 지역의 새로운 글로벌 계획에 따른 프로젝트이다. 뉴욕, 런던, 파리로 이어지는 세계 중심도시 리스트에서 유독 파리는 그 인구가 작은 편이다. 메가시티 트렌드를 따라잡기 위해서 파리가 변화를 선택한 것이다. 도시 마스터플랜을 수립하여 2007년 9월 17일에 처음 발표된 것으로 국제 공모를 통해 총 10개의 건축가 팀을 구성, 파리의 새로운 미래 메가시티를 지향하는 도시계획이다. 이 계획에는 2030년까지 총 60조 원 규모의 대규모 지원이 포함되어 있다. 르 그랑 파리 프로젝트가 주목받는 이유 중 하나는 바로 세계적인 녹색도시 파리를 구상하고 있기 때문이다.

사전 단계에서부터 전문가 집단과 프랑스 국민들의 공감을 이끌어내 파리와 그 주변 지역인 일드프랑스 등 메트로Metro와 같은 노후한 대중교통 시설의 대대적인 확장 및 정비도 함께 이루어질 계획이다. 이미 2013년 파리 1구간 자동전철 건설 개시가 이루어졌고 2020년까지 파리 외곽 도시들을 잇는 메트로 노선 건설 및 주택건설 등이 이루어져 고용창출은 물론 건설경기의 활성화 등 파급효과가 예상된다. 또한, 해당 프로젝트가 성공적으로 진행된다면 친환경 도시로의 면모를 갖추어 자연친화적인 생활환경을 누릴 수 있는 세계적인 메가시티로 성장할 것으로 예상된다.

현대 세계 주요도시는 메가시티^{mega city}로 발전하고 있다. 인구 1,000만 명을 넘어서는 메가시티는 정치, 경제, 사회, 문화면에서 자신만의 독특한 개성을 가진 도시 브랜드, 경제 생태계를 형성하고 있다.

Modern major cities are evolving into mega-cities. 10 million plus people, self-sufficient economy and identifiable city brand-value will characterize them.

현대 세계 주요도시는 메가시티^{mega city}로 발전하고 있다. 인구

　'통일은 대박'이라는 말이 회자되고 있다. 경제적 효과가 크다는 뜻이다. '1인당 GDP 24,000달러+인구 5,000만 명' 남한과 '1인당 GDP 1,200달러+인구2,500만 명' 북한이 통합되면 산술적으로 1인당 GDP 16,000달러에 인구 7,500만 명의 거대 개발도상국이 탄생하는 것이다.

　10개 메가트렌드 중 하나로 남북경제통합을 선정한 것은 2030년 남북통일을 전망한다기보다 현재 진행 중인 남북경제협력이 경제통합 수준으로 발전하여 매우 높은 수준으로 자유로운 물자 및 자본 이동이 가능해진 상태를 의미한다고 보아야 한다. 즉, 남북통일이 소위 '대박'에 이르기 위해서는 거쳐야 할 관문이 많지만, 그 중 첫 단계로 볼 수 있는 것이 남북경제통합이다. 이 과정을 통해 한반도는 물론 중국, 러시아, 유럽 등 해외 소비시장과 함께 신新 실크로드를 구축할 수 있는 대박의 기회를 만들 수 있다.

우리는 그동안 북한과 공동의 경제적 이익을 위해 남북경제협력사업을 추진해왔다. 협력사업은 통일부장관이 인정하는 것으로 단순한 인적 교류는 제외된다는 특징을 가지고 있다. 북한의 핵실험, 개성공단 중단 사태 등으로 인해 그간의 교역 추이를 살펴보면 제 기능을 수행하지 못하고 있으나 실제 교역 규모가 상당한 것은 사실이다. 이 외에도 DMZ비무장지대의 양질의 지하수를 이용하여 먹는 샘물Natural mineral water을 남북공동으로 개발하는 사업 가능성이 연구되는 등 남북경제협력의 노력은 지금도 계속되고 있다.

한국은 지구상 유일의 분단국가로 반세기 넘는 시간을 한국과 북한으로 따로 지내왔다. 그러나 60년 분단 이후 앞으로 10여 년간 남북경제통합은 가속화될 가능성이 매우 커지고 있다. 미국의 '아시아 및 세계 경영전략 보고서'에 따르면 2020년까지 한반도의 남북통일이 이뤄질 가능성이 매우 높다고 전망하고 있다. 실제적으로 통제할 수 없는 변수인 정치적 통일 여부보다 메가트렌드로서의 남북경제통합, 그리고 이것이 가져올 우리 산업계와 소비시장의 변화와 기회에 대해 더욱 진지하게 준비해야 한다.

남북경제가 실질적인 통합 과정상에 놓이게 된다면 우리 사회는 물론 각 산업 분야는 통일에 버금가는 메가톤급 변화를 맞이하게 된다. 따라서 우리는 이와 같은 변화에 대비하는 시나리오를 생각해 볼 필요가 있다.

현재 북한은 철저히 우리의 내수시장으로 간주할 수 있다. 그리고 1인당 소득 면에서 북한은 남한의 20분의 1수준으로 거의 모든 면에서 절대적으로 부족한 경제이다. 이러한 상황에서 남북경제통합 과정은 북한의 부족한 물자 및 서비스 수요 증가를 가져올 것이며 이에 따라 제조산업은 또 한 번 급성장의 기회를 맞이할 것으로 예상된다. 물론 한반도의 소비시장은 현재 구상 중인 한반도종단철도Trans-Korean Railway, TKR가 하나로 이어져 더 나아가서는 중국횡단철도TCR, 시베리아횡단철도TSR, 몽골통과철도TMGR, 만주횡단철도TMR 등과 연결이 가능해진다면 동북아시아의 거대한 유통·물류 중추를 이룰 수 있게 된다. 시베리아횡단철도를 통해 러시아의 모스크바를 경유하여 유럽 전역으로 우리의 상품을 최소비용으로 확대할 수 있는 발판이 마련되어 21세기 신新실크로드가 완성될 것이다.

또한, 남북경제통합은 열악한 북한 주민들의 생활수준을 고려해 본다면 저가 노동력의 풍부한 공급으로 제조업과 서비스 산업의 르네상스를 가져올 수 있다. 한반도종단철도와 같은 인프라 시설로 우리 소비재 수출이 상대적으로 부진한 유럽시장 공략이 가속화 할 수 있고, 유럽인들의 한국방문으로 관광시장도 폭발적으로 성장할 가능성이 크다. 현재 저성장시대라는 인식과 현실이 지배적인 상황에서 우리는 다시 한 번 고성장의 기회를 남북경제협력이라는 메가트렌드를 통해 이룰 수도 있다. 이는 유일한 분단국가인 우리나라만이 가진 세렌디피티 Serendipity, 기대하지 않았던 대박 행운가 될 가능성이 커지고 있다.

Mega Trend Core Message [5]

남북경제통합은 저성장 단계에 들어선 한국 경제에 새로운 성장기회를 제공하는 모멘텀이 될 것이다.

Reunification between North and South Korean economies will provide the momentum for South Koreans to avoid the destiny of a staggering economy.

멀시미

국경선 희미해지고 국가 개수 늘어나니

내게는 이제 도시가 더 중요해

1년의 반은 서울에서, 나머지 반은 방콕에서 두 도시 살림

지난 1년 방문 도시 8개, 누적 방문 도시는 80개

멀티시티 Multi City 라이프, 이제는 대세

고향에서 공부하는 동생위해 등록금 송금했던 그녀

가족보다 이제 내가 더 소중해

나는 이제 100년을 달리는 소비 열차

3번의 인생, 6개의 직업, 10개의 직장

ME, ME, ME 나만의 라이프, 이제는 대세

서 용 구 2013.1.10.

'멀시미'는 대표 필자가 멀티시티라이프와 Me세대라고도 불리는 Y세대 소비자의 중요가치 '나'를 재미있게 전달하기 위해서 지은 시이다. 국가에 대한 충성은 도시에 대한 애착으로 변하고 가족에 대한 애착은 자기 자신에 대한 집착으로 변하고 있음을 보여주고자 하였다.

TED.COM 기획자인 크리스 앤더슨은 한 인터뷰에서 자기 자신을 '노마드'Nomade라고 표현한 바 있다. 노마드란 프랑스어로 유목과 유랑, 방랑을 뜻하는 단어로 철학에서는 노마디즘Nomadism이라고 하여 특정한 가치나 삶의 방식에 얽매이지 않고 자유롭게 새로운 자아를 찾는 것을 의미한다. 즉, 기존과는 다른 방식의 길을 찾아 학문적 영역을 넓히거나 자기만의 분야를 탐구하는 행위인 것이다.

이러한 삶의 방식은 '글로벌 노마드족族'이라는 용어가 나오게 된 원인이 되기도 했다. 짐 매튜먼은 저서 '글로벌 노마드'를 통해 이들에 대하여 변화를 즐기고 글로벌 감각과 사고방식을 가졌으며 윤리의식과 강한 자신감을 가진 이들이라고 설명했다. 세계화가 온라인과 오프라인에서 강화되고 있는 것이다. 전면적인 국가 간 전쟁이 사라졌고, EU 경제통합과 같은 경제 블록화현상 등으로 국경의 의미가 과거보다 희미해지면서 자유롭게 국가와 국가, 도시와 도시를 돌아다니며 생활하는 '멀티시티라이프Multi City Life'가 가능해진 세상이 되었다. 즉, 글로벌 시티즌Global Citizen의 삶이 특히 X, Y세대에게는 깊숙이 자리 잡게 된 것이다.

멀티시티라이프는 노마드 사고방식과 비슷한 다중 개념의 메가트렌드이다. 멀티시티라이프와 결합하여 다양하게 나타나는 사회 현상 중 대표적인 것으로 멀티-아이덴티티Multi-Identity와 멀티-잡Multi-Job을 들 수 있다.

① 멀티시티라이프와 멀티-라이프^{Multi-Life}

멀티시티라이프는 흔히 멀티-라이프^{Multi-life}와 개념이 혼동되어 쓰이기도 하는데 멀티-라이프는 한 가지 생활방식만을 고수하는 것이 아니라 두 가지 이상의 생활방식을 동시에 갖고 있는 것이다. 멀티시티라이프는 한 국가, 한 도시의 생활 기반을 가지고 생활하던 과거와 달리 여러 나라와 여러 도시가 개인의 활동 기반이 되는 것을 말한다. 예를 들면 해외공연이 많은 오페라 가수나 해외파 축구선수, 비즈니스맨과 글로벌 영화배우와 같은 라이프스타일이다.

멀티-라이프는 최근 아웃도어 열풍이 불면서 산에 갈 때만 입는 것으로 인식되던 등산복 등 아웃도어 의복이 일상생활에서도 입을 수 있게 디자인되어 아웃도어의 일상화를 이룬 것을 예로 들 수 있다. 기업에서 이러한 멀티-라이프를 내세우며 상품이나 서비스 홍보를 하는 경우가 있는데 메르세데스 벤츠에서는 다양한 계층의 생활방식을 충족시킬 수 있는 자동차 모델을 선보인 적도 있었다. 이른바 일상의 멀티화^化가 이루어지는 것이 바로 멀티-라이프인 것이다.

이에 비해 멀티시티라이프는 저비용 항공산업이 성장하고 홍콩~제주와 같은 신규 항공노선 취항 등 기존의 주요 도시 노선에서 점차 다양한 메가시티 간 또는 해외도시 간 항공노선 발달로 이어지면서 물리적인 해외 이동이 수월해졌다. 그리고 맞벌이와 기러기 가정 증가로 가족 구성원의 생활 근거지가 두

곳 이상이 되면서 멀티시티라이프의 가능성이 커진 것 또한 이 같은 새로운 라이프스타일을 가능하게 만들었다. 이처럼 두 지역 이상을 오가며 생활하거나 해외도시를 자주 여행하는 트렌드를 바로 멀티시티라이프라고 명명할 수 있다.

② 멀티-아이덴티티^{Multi-Identity}

쉽게 생각해보면 현실에서의 자아 정체성과 가상공간인 온라인에서의 자아 정체성이 다르게 인식되는 것처럼 한 사람의 정체성이 꼭 하나로 통일되지 않을 수도 있다는 것이다. 멀티-잡^{Multi-Job}을 갖고 있는 사람이라면 본업인 직장에서의 정체성이 있을 것이고 부업에서 갖는 정체성이 다르기 때문이다. 직장에서는 김 대리, 취미생활로 여행 블로그를 운영한다면 온라인에서 갖고 있는 닉네임 마스터 김이 김 대리의 또 다른 정체성일 수 있다. 앞으로 많은 사람들이 20년 이상 길어진 인생과 여가시간을 활용하여 더욱 다양한 정체성을 추구하게 될 것이다. 이처럼 한 가지 직업 혹은 직급만으로 자신의 정체성을 표현하는 것을 넘어 여러 가지 방식과 이름으로 자신을 표현하고 대변하는 멀티 자아를 가지게 된다.

③ 멀티-잡^{Multi-Job}

멀티-잡은 최근 국어사전에 신조어로 올라간 용어로 본업 이외에 여러 부업을 가지고 있는 것을 말한다. 최근 본업으로 직장생활을 하면서 취미생활을 통해 오프라인은 물론 온라인으로 부업을 하는 사람들이 있다. 주목할 점은 자신의 취미활동이나 자아 성취를 위한 활동을 부업으로 선택하는 사례가 많다는 것이다.

물론 부업의 이유 역시 저성장 경제로 인해 추가적인 소득을 얻기 위한 경우가 많지만, 본업의 주된 활동이 경제적 이득을 위해 선택하는 경향이 훨씬 높기 때문에 자신의 정신적 만족과 자아실현 차원에서 부업을 선택하게 되는 경우도 많다.

Mega Trend Core Message [6]

멀티시티라이프는 앞으로 한국인의 새로운 라이프스타일로 자리잡을 것이다. 두세 번의 인생, 두 개 이상의 직업을 의미하는 포트폴리오 인생이 X, Y세대에는 일반화될 것이다.

Multi-city lifestyle will emerge as a new Korean lifestyle. Portfolio life will be mainstream among X and Y generations.

바이오 BIO 는 생명과 살아있는 유기체를 연구하는 과학 분야로 바이오산업은 생명, 인간의 삶과 직결된 산업이다. 바이오산업은 생명 공학이 상업적인 서비스와 결합하여 산업분야를 이룬 것으로, 제약, 농업, 환경 등 앞으로 새로운 제품과 서비스를 창출해내는데 많은 기여를 할 것이 확실하다. 사실 바이오산업이라고 하면 흔히 가장 먼저 떠올리게 되는 산업분야는 안티 에이징 서비스, 의약, 생명, 식품 등이며 생명과 관련된 분야라는 인식이 강하기 때문에 각종 규제가 많았다. 또한, 기업의 입장에서는 막대한 초기 투자비용 부담감, 신생 바이오기술의 상용화 단계와 수익분기점을 넘기는데 오랜 기간이 걸린다는 점에서 훌륭한 바이오제품과 서비스를 개발하고도 이러한 것들이 소비자를 만나는데 어려움이 많았다. 이와 같은 R&D와 유통문제가 한국 바이오산업의 발목을 잡는 요인들이다. 바이오산업의 이러한 특수성을 감안할 때 바이오제품과 서비스 유통은 장기적이고 체계적인 시각으로 접근해야 한다. 단기 성과와 가시적인 매출 증대를 목표로 하는 것이 아니라 바이오산업에 현재 적용되고 있는 규제를 이해하고 이를 통해 만들어지는 바이오상품의 종류에 따라 최종적으로 소비를 가능하게 만드는 '적정 소비자'를 찾아 연결해주는 역할을 소매 유통산업이 수행해야 한다. 현재 한국 바이오산업은 바이오의약, 화학, 식품, 환경, 전자, 공정 및 기기, 에너지 및 자원, 검정·정보서비스 및 연구 개발업으로 구분되고 있으며 바이오산업 분야별 국내 판매의 대부분은 의약과 식품군에서 이루어지고 있다.

바이오산업은 우리나라 이외에도 많은 선진 국가들이 차세대 국가 주력 산업으로 주목하고 있는 분야이다. 2009년 프랑스 OECD 본부에서 열린 'Working Party on Biotechnology' 회의에서 향후 30년 이내에 '바이오 경제' 시대가 태동할 것이라 예견했으며 우리도 정부 차원에서 신성장동력산업으로 바이오산업을 주목하고 있다.

BT^{Bio Technology}는 융합 추세를 반영하는 대표 트렌드로 확대되어 더 나아가서는 우주, 기후변화 등 인류의 다양한 문제를 해결할 수 있는 방안을 모색하는 분야로 발전하고 있다. 이처럼 바이오산업은 매우 방대한 범위의 주제를 다루며 우리나라의 바이오산업은 2008년 이후 3년간 생산액이 16.8% 증가하였고 2020년에는 100조 원 이상의 거대 시장이 형성될 것으로 추정된다. 바이오산업에 있어서 최근 신흥국들이 새로운 성장시장으로 주목을 받으면서 글로벌 제약회사들은 물론 정부 차원에서 BRICs브라질, 러시아, 인도, 중국와 적극적인 M&A 등을 통해 시장 진출을 확대하고 있으며 이 중 중국 시장의 비약적 성장이 두드러진다.

중국은 자국 정부의 전폭적인 지원에 힘입어 생명과학기술발전 5개년 계획을 발표하는 등 바이오분야 클러스터지역을 형성하고 인큐베이터 시설만 200여 개가 넘는다. 이들 시장에 대한 자세한 바이오산업 동향은 지난 2012년 6월 미국 보스턴에서 개최된 'BIO International Convention'을 통해 자세히 알 수 있다. 세계 최대 바이오산업 전시회로 2012년에는 65개국에서 16,500여 명이 방문하였다.

세부 산업별 '적정 소비자'를 찾아라.

바이오산업은 세부 산업 혹은 상품 및 서비스 종류에 따라 타 산업에 비해 필요로 하는 소비자가 다르게 나타나는 특성이 있다. 앞서 언급한 바 있는 바이오산업의 '적정 소비자'탐색과 업계, 소비자 사이의 연결을 소비 유통시장이 수행해야 하는 이유가 바로 여기에 있다.

우리나라 바이오산업은 현재 그리 낙관적인 상황이 아니다.

신흥국의 약진 속에서 투자와 지원도 많지 않으며 무엇보다 중요성은 인식하나 경쟁력을 갖추기 위해서는 가야 할 길이 멀기만 하기 때문이다. 이러한 근본적 이유는 정부 정책과 학계, 산업 간 불균형과 연결고리가 견고하지 못한 까닭이다. 그러나 선진국에 비해서 뒤늦게 출발했음에도 불구하고 빠른 성장속도와 ICT의 발전에 힘입어 상당한 성과를 이루고 있는 것도 사실이다. 2030년까지 정부와 학계, 그리고 산업 간의 긴밀한 공조가 이루어진다면 창의적 바이오 기술이 생산되는 풀Pool이 하나의 네트워크 생태계로 작용할 수 있다.

이러한 바이오산업의 네트워크 생태계에서 발생하는 일련의 결과물과 적정 소비자가 원활한 유통경로를 통해 지속적이고 안정된 공급·수요의 관계를 유지한다면 바이오는 2030년까지 한국 산업의 새로운 성장엔진으로 주목받을 것이다.

최근 뽀로로, 로보카폴리, 라바에 이어 또봇과 같은 토종 애니메이션 캐릭터들의 해외 시장진출이 이어지고 있다. 라바의 경우 현재 전 세계 40여개 국가에 수출하는 등 수익금액만 100억 원 이상을 기대하고 있다. 이 같이 우리나라 콘텐츠 시장이 질적으로 국제 수준에 올라갔다는 평가를 받고 있다. 또봇 또한 크리스마스 선물로 어린이들의 큰 인기를 모으면서 또봇 완구 구입을 위해 다른 동네로 부모들이 원정길에 오르는 수고를 마다하지 않을 정도로 많은 사랑을 받고 있는 캐릭터이다.

이처럼 E&M^{엔터테인먼트·미디어} 산업은 문화 콘텐츠 제작 및 유통, 소비가 이루어지는 산업이며 이 때문에 저작권, 상표등록 등으로 인한 법적 분쟁 사례가 많이 발생하기도 한다.

흔히 엔터테인먼트 비즈니스란 소비자에게 행복, 즐거움, 기쁨과 같이 인간의 본능적 욕구를 충족시키고 그러한 감정을 불러일으키는 하나의 산업을 의미한다. 미디어 산업은 이중 상품 시장으로 미디어콘텐츠 판매시장과 광고시장 역할을 수행하는 산업이다.

일반 상품 소비시장과는 달리 E&M 산업이 소비자의 저마다 다른 감성과 심리를 파악하고 접근해야 하는 이유가 바로 '인간의 즐거움'이라는 감성에서 출발하기 때문이다.

엔터테인먼트와 미디어 산업은 무형의 부가가치를 창출하는 산업이자 저성장 시대의 고성장 산업으로 인식되는데 우리나라의 해당 산업은 아시아를 넘어 전 세계로 확산된 K-POP으로 인해 한류의 확산을 이끌어내는 중심 역할을 수행하고 있다. 또한 주 5일제와 여가 문화 확산은 기존의 캐주얼 여가 Casual Leisure: TV 시청이나 낮잠 등의 여가와 달리 여행, 트레킹, 야영 등 다양한 여가 문화가 점차 자리를 잡으면서 우리나라에서 E&M 산업이라고 하면 연예인이나 오락 프로그램을 떠올렸던 과거 인식에 변화가 생긴 것이다.

한국콘텐츠진흥원의 E&M시장 정의를 살펴보자. 고소득 국가일수록 해당 시장규모가 높게 나타나며 2010년 전 세계 E&M산업 시장 규모는 1조 4,195억 달러를 기록하였다는 발표가 있다. 엔터테인먼트 산업의 경우 체험형과 미디어 의존형으로 구분하는데 이는 미국 해롤드 보겔교수의 산업분류에 의한 것이다. 체험형 엔터테인먼트는 테마파크나 공연, 스포츠 등과 같고 미디어 의존형 엔터테인먼트는 영화, TV, 음악, 인터넷, 출판과 같은 시장으로 분류된다.

이 외에도 소매유통 시장에서는 매장의 엔터테인먼트화化 경향을 보이기도 하며 리테일링과 엔터테인먼트의 합성어인 '리테일테인먼트Retailtainment'라는 용어도 등장하였다. 즐거움을 추구하는 인간의 감성이 소비시장까지 확산되면서 소매유통 매장의 경우 오감五感을 자극하는 공간 마케팅Space Marketing을 진행하여 즐거운 기분 속에서 오감을 행복하게 해주는 소비행위를 할 수 있도록 도와준다.

체험형 엔터테인먼트 산업에서는 우리나라 토종 워터파크와 테마파크가 세계 10위권에 진입하는 기록을 세웠다.[21] 2011년 오션월드 5위, 캐리비안베이가 6위에 기록되었다. 테마파크에서도 롯데월드와 에버랜드가 각각 11위와 13위를 기록했다. 워터파크의 경우 전체 순위 20위권에서 10개의 워터파크가 아시아에 위치해있으며 아시아지역의 상위 20개 테마파크의 2010년 입장객은 9.4% 증가했다. 해외여행객들의 방문지역에 위치한 테마파크, 워터파크 방문 증가는 주요한 관광 수입원으로도 작용했으며 'Global Attractions Attendance Report'에 따르면 2011년 이후 아시아의 테마파크 엔터테인먼트 산업은 여전히 가장 가파른 상승 궤도를 그리고 있다. 흥미

---

21 〈부록13〉 참고

로운 점은 아시아지역 상위 15개 'Amusement Parks'에서 우리나라가 4개를 보유하고 있다는 점이다.

그러나 미디어 산업에 있어서 디지털화 콘텐츠상품 시장은 그리 밝지만은 않았다. 국내 내수시장이 불법복제와 게임 셧다운제 등으로 인하여 시장 활성화에 걸림돌이 되고 있기 때문이다. 또한 국산 미디어 콘텐츠가 저조한 수준으로 해외 수입 콘텐츠가 시장의 절반을 넘는다는 보고도 있는 실정이다. 여기에 인구 고령화로 해당 산업의 주요 소비층인 젊은 세대의 상대적인 감소는 다양한 연령층을 대상으로 하는 콘텐츠가 개발되어야 한다는 시사점을 주고 있다.

Mega Trend Core Message [8]

즐거움과 재미를 핵심 상품으로 하는 E&M 산업은 지속 성장할 것이며 모든 서비스 상품에서 E&M 요인이 강화될 것이다.

Entertainment and Media(E&M) industry will continue to grow and will be prerequisite in all service products.

아시아 전체를 뜻하는 판-아시아의 판^{Pan}은 그리스어에서 유래한 것으로 모두, 전체를 의미하는 단어이다. 아시아^{Asia} 역시 고대 그리스인들이 동쪽 나라를 가리킬 때 사용한 단어인 아수^{Asu}, 아시리아어에서 유래했다고 한다. 아시아는 전 세계 육지의 32%를 차지할 정도로 가장 규모가 크며 인구도 가장 많은 대륙이다. 판-아시아^{Pan-Asia}는 종종 'Asia-Pacific'과 유사한 것으로 오해되곤 하는데 이는 자세히 들여다보면 엄연히 다른 것이다. 판-아시아는 동아시아 중심의 아시아이며 'Asia-Pacific'은 오세아니아, 아메리카 대륙의 태평양 연안까지 뜻하기 때문이다.

아시아개발은행은 아시아 경제규모는 앞으로 지속적인 증가추세를 이룰 것이며 신흥강국으로 중국 경제를 주시하고 있다.[22] 현재 아시아 경제는 7개의 엔진이 이끈다고 표현하는데 중국, 인도, 인도네시아, 일본, 한국, 말레이시아, 태국이다. 이들 7개국 GDP는 아시아 전체의 87%를 이루고 있으며 향후 전 세계 GDP의 45%를 이들 국가들이 차지할 것으로 전망한다. 또한 2030년 전 세계 경제 성장의 약 60%를 아시아가 차지하여 2050년에는 본격적으로 아시아의 세기 Century of Asia가 올 것이라 보고 있다.

이는 아시아 전체의 소비시장 성장과 우리나라의 경우 이미 인천공항에서 비행기 2시간 거리에 베이징, 도쿄, 상하이, 오사카 등과 같은 메가시티 Mega city는 물론 인구 백만 명의 도시가 43개를 넘어서는 등 가까운 국경 밖에서 거대한 소비시장의 확보가 가능하다.

2030년 우리나라의 구매력평가 기준PPP 1인당 국내총생산 규모는 이웃 나라 일본을 앞지르며 2050년에는 미국을 추월할 것으로 전망하는 보고서도 있다. 한국도 더불어 중국과 인도의 성장 또한 주목할 만하다. 아시아는 앞서 언급한 메가시티와 관련하여 세계 경제는 물론 문화와 정신적 가치 측면에서도 세계를 견인할 것이다. 그러나 아시아 국가들의 중진국 함정에 대한 위험이 제기되면서 이상적 시나리오와 위험 시나리오가 함께 존재하고 있다.

---

22 〈부록14〉 참고

지난 100년 이상, 전 세계적으로 음악, 미술, 영화, 공연 등의 문화 산업에서 주류를 이루어 온 것은 서양적 사고방식과 가치관이 투영된 것이었다. 이는 단순한 문화산업뿐만 아니라 세계사世界史 교과서만 살펴보더라도 서양의 역사가 주류를 차지하며 동양의 역사는 그 유구한 역사에도 불구하고 한편으로 밀려나 있었다. 그러나 최근 아시아 문화, 특히 K-POP으로 대표되는 한류가 아시아를 넘어 세계 속으로 스며들고 있는 것은 중국과 일본 문화를 동양 전체로 인식하던 것에서 다양한 아시아 문화로의 관심으로도 생각해 볼 수 있다. 특히 아시아의 힘이 커지면서 아시아 문화에 대한 주목도가 커지기 시작했다. 자연과 조화되는 정신적 가치를 높게 평가하는 동양적 사상이 서양인들에게 서양적 사고방식의 한계를 극복하기 위한 새로운 삶의 방법으로 여겨지기 때문이다. 경제적 측면과 문화적 측면 모두 아시아의 가치가 재평가되고 주목받으면서 판-아시아는 정치, 경제, 사회, 문화 등 거의 모든 분야에서 아시아 시프트가 촉진되고 있음을 말해주는 메가트렌드이다.

판-아시아에 따른 성장분야로 볼 수 있는 것 중 하나가 바로 국제관광이다. 국제관광은 OECD에 따르면 인종, 성별, 언어, 종교 등에 상관없이 외국 영토에서 24시간 이상 6개월 이내 체류하는 것으로 정의한다. 인터넷, 스마트폰과 같은 IT 기술의 발전은 국경과 같은 물리적 경계를 뛰어넘어 지구촌 사람들을 연결시키며 서로 다른 인종, 외국인에 대한 이해를 도왔다. 펜 팔과 같은 아날로그적 교류에서 페이스북, 트위터 등 SNS는 디지털적 교류로 더 많은 사람들과의 소통을 가능하게 하였고 이러한 현상은 국제관광에 대한 인식을 성숙시켰다.

이전의 국제관광에서 관광욕구는 단순한 수준에 머물렀다. 과거에는 주요 관광도시의 랜드마크를 시각적으로 인식하는 단계였다면 지금은 단순히 보는 것만이 아닌 직접 현지문화를 체험하고 배우며 현지인과 소통하는 문화적 지적욕구 충족의 수준에까지 이르렀다. 새로운 문화를 경험하고 바쁜 도시의 삶 속에서 정신적 휴식을 원하는 도시인들의 증가는 관광산업에 있어서 판-아시아의 가치를 입증할 수 있는 기회가 되고 있다.

굴뚝 없는 산업인 관광은 고부가가치 산업이다. WTO는 연 평균 4%이상 국제 관광객 수가 증가하여 2020년에는 16억 명 에 이를 것이라 예측하고 있다. 2012년 우리나라 외래 관광객 수는 11,140,028명으로 천만 외래 관광객시대를 맞이했다.

우리나라는 2013년 국가별 관광경쟁력 순위에서 25위에 올 랐으며 비즈니스 환경 및 인프라 부분에서는 17위, 인적·문화 적·자연적 자원 부분에서는 20위에 올랐다. 종합 순위 25위와 비교하여 인프라 부분에서 높은 순위를 보인 것은 인천국제공 항과 같은 우수한 교통 인프라 때문인 것으로 분석된다. 또한 풍부한 문화자원과 관광 친화적 요소들을 다수 보유한 점 등에 있어서는 관광경쟁력 순위를 많이 이끌어낸 것으로 평가되나 가격경쟁력에서 96위를 차지하는 등 언어문제와 높은 물가가 우리나라 국제관광 산업의 걸림돌로 평가된다.

끊임없이 진화하는 ICT 기술 혁신은 인간의 삶에 있어서 혁명과도 같은 생활 변화를 불러왔다. 스마트폰, 태블릿 PC 등 여러 유형의 IT 기기가 널리 보급되면서 WiFi는 물론 3세대 이동통신망[3G], 4세대 이동통신망[4G]을 거쳐 롱텀에볼루션[LTE], 5세대 이동통신망[5G]까지 급속도로 발전하고 있다. 어느 곳에서나 손쉽게 접할 수 있는 무선 인터넷 환경이 조성되면서 기업들의 모바일 컴퓨팅 보안이 시급한 과제로 떠오른 것은 당연하다.

IT 기기를 통한 기업 외부 접속, 기기 분실, 악성코드 등은 기업의 통제를 벗어난 것이기 때문에 심각한 데이터 보안문제를 야기하고 있다. 방대한 양의 데이터를 담고 있는 온라인상의 보안은 비단 기업만의 문제가 아니다. 크게는 국가 안보를 위협할 정도로 해킹 공격이 시도되기도 하며 개인 차원에서는 적합한 권한을 가진 사용자의 접근 문제, 개인 사생활 침해, 스미싱 등의 문제가 발생한다. 이러한 보안 위험을 해결하기 위해 보안관련 솔루션과 비즈니스가 새로운 메가트렌드로 급부상하고 있다. 실제로 2010년 이후 개인정보 침해건수가 급격히 증가하여 2011년에만 12만 건을 넘어섰다.

2013년에 있었던 국내 사이버테러는 모두 대규모의 보안사고로 정부기관은 물론 금융기관과 주요 언론사를 공격했고 주요 카드사 개인정보 유출사고는 대규모 카드런Card Run 사태를 빚기도 했다.

이 외에도 스마트폰 이용자들을 공격하는 모바일 악성코드 또한 다수 발견되었다. 우리나라는 모바일을 통한 금융거래가 타 국가에 비해 매우 활성화 되어 있어 한국 내 이용자들만 대상으로 하는 악성코드가 발견된 것은 취약한 국내 보안환경에 대한 경고이기도 하다. 뿐만 아니라 이러한 악성코드나 바이러스를 통해 개인정보를 무단으로 유출하는 등 개인정보 침해위협 또한 간과하기 어려운 수준에 이르러 그 심각성을 더하고 있다.

정보 유통의 안전성 확보

2030년에는 보안 기술과 IT 기술 산업이 융·복합되어 관련 제품 및 서비스에 적용되는 융합보안이 지금보다 상용화될 것으로 예상된다. 또한 많은 분야에서 복합적인 보안기술 수요가 늘어날 것이다. 특히 1~2인 가구 증가, 고령화와 더불어 개인의 안전에 관한 맞춤형 보안이 ICT와 결합, 새로운 소비시장으로 작용하여 컨설팅 서비스를 창출할 것으로 기대된다. 그러나 현재 보안기술 개발인력의 확보가 매우 어렵고 보안 인력의 해외 유출이 지속되는 등 인력난이 되풀이 되는 현 상황에서 보안 분야의 원천 기술을 확보하기 위한 장기적 대책 수립이 시급하다.

지금까지는 기업의 보안이 회사 IT부서에 소속되어 있는 작은 존재에 불과했으나 최근 많은 기업들이 보안을 전담으로 하는 부서나 팀을 신설하는 추세이다. 보안과 관련하여 해결해야 할 과제들이 다수 남아있는 것은 사실이나 개인과 기업 그리고 국가의 중요 정보들이 안전성을 보장받아 유용하게 쓰일 수 있는 환경이 조성되어야 한다.

우리 소비시장에 있어서도 이른바 '정보 유통'의 보안이 해결되어야 할 과제이다. 소비시장이라고 하면 재화와 서비스를 주로 고려해왔으나 이제는 컴퓨터와 인터넷 등 수 많은 IT 기기를 타고 자유롭게 옮겨 다니는 각종 정보 ex. 텍스트, 영상, 이미지, 음악 등 역시 소비시장에서 다루어지는 일종의 재화라고 볼 수 있기 때문이다.

온라인 보안 이슈는 전 세계적으로 점차 그 중요성이 더 해지고 있는 분야이다. 융합보안의 기술력을 확보하고 보안 서비스를 하나의 소비시장으로 인식할 필요가 있다.

3

2030 성장의 열쇠

How?

한국 경제는 2011년 이후 본격적인 저성장 시대에 접어들었다. 성장의 속도와 폭이 과거보다 낮아지긴 했지만, 아직 서유럽 일부 국가와 일본에서 경험한 제로 성장은 아니다. 희망은 있다. 그리고 한국인은 아직도 배가 고프다. 선진국을 향해 더 나아가기 위해서는 저성장 시대를 돌파할 수 있는 새로운 소비 시장을 육성하여야 하며 그 문을 열 수 있는 성장의 열쇠를 찾아야 한다.

제3장에서는 2030년 지속 성장의 열쇠로 솔로모 SoLoMo , 실버 시프트, 프리미엄 브랜드와 진정성, 원더우먼 리테일링, 솔로 케어, 쇼퍼테인먼트, K-드럭스토어를 제시하고 있다. 이는 우리나라 미래 소비·소매 시장에 관한 것으로 특히 내수 시장 성장을 불러오는 동인이 될 것으로 예상한다. 2030년을 배경으로 등장인물이 각 한 명씩 등장하며 앞서 언급하였던 Y세대 대표인물 박 제시카 2014년 27세, 2030년 만 43세 의 주변 인들을 다양한 연령별로 시나리오에 구성한 것이다. 각 성장의 열쇠는 10개 메가트렌드 중 관련된 것들의 조합으로 〈표4〉 성장의 열쇠로 정리하였다. 괄호는 해당 메가트렌드 조합 구성을 의미한다.

	성장의 열쇠
KEY 1	솔로모 (T3+T6+T8)
KEY 2	실버 시프트 (T1+T2+T7)
KEY 3	프리미엄 브랜드와 진정성 (T2+T4+T6)
KEY 4	원더우먼 리테일링 (T2+T6+T10)
KEY 5	솔로 케어 (T1+T2+T4)
KEY 6	쇼퍼테인먼트 (T2+T4+T8)
KEY 7	K–드럭스토어 (T1+T4+T7)

백워드 인덕션Backward Induction이란?

흔히 역추론, 역행 귀납법 등의 용어로 쓰이는 백워드 인덕션은 게임이론에서 상대방의 행동을 미리 예상한 후에 자신의 행동을 결정하는 것을 말한다. 이 방법은 게임이론뿐만 아니라 다양한 분야에서도 쓰이는 방법이다. 여러 가지 경우의 수와 상황을 고려하여 다양한 원리를 도출해낼 수 있기 때문에 기업에서는 경쟁상대의 대응을 예측하는데 이 방법을 쓰기도 한다. 모든 게임의 마지막 단계에서 역逆으로 추론하여 가장 효과적인 전략을 세우는데 유용하다.

성장의 열쇠 7가지를 도출해낸 방법으로 백워드 인덕션 Backward Induction을 사용했다. 이 방법은 게임이론에서 자주 사용하는 방법으로 경제학에서 출발했다. 상대방의 대처가 어떻게 될 것인지 고려하면서 동시에 자신의 이익을 효과적으로 달성할 수 있는 수단 선택 행동을 수학적으로 증명하는 모델이다.

1장에서 살펴본 5가지 라이프스타일 변수와 2장에서 제시하는 10가지 메가트렌드를 조합한 백워드 인덕션을 통하여 성장 시나리오를 다방면으로 추론한 7개 키워드를 '2030 성장의 열쇠'라 부르고자 한다.

:: 등장인물	박 제시카 동생 박민지씨 2030년 38세

　얼마 전 중동아시아로 배낭여행을 1개월 일정으로 다녀온 박민지씨는 지역정보가 그리 많지 않아 여행이 힘들 것이라는 주위 사람들의 의견에도 불구하고 IT 기기를 통해 여행지역에 최적화된 정보를 실시간으로 습득할 수 있었다. 지역여행은 물론 쇼핑, 심지어 현지인들만 알고 있다는 이른바 '맛집'까지 섭렵하는 등 즐거운 여행을 하고 돌아왔다.

　또한 지역 커뮤니티와 관련된 애플리케이션을 다운로드 받으면 현지 사람들이 직접 제공하는 '무공해'정보를 얻을 수 있었다. 박민지씨가 여행 중 가장 흥미로웠던 것은 여행지에 도착하여 미처 예약하지 못한 숙소를 구하고자 'To You'라는 솔로모 애플리케이션을 실행, 숙박 메뉴를 터치하자 해당 지역의 숙박 상황과 지역 숙박업체 광고가 바로 제공된다는 점이었다.

솔로모SoLoMo란 소셜Social, 로컬Local, 모바일Mobile의 줄임말로 2011년 실리콘 밸리에서 탄생한 용어이다. 전 세계적으로 스마트폰과 같은 IT 기기의 보급으로 새로운 소비 패러다임이 만들어지고 더욱 확산되고 있다. 솔로모 소비자는 단순한 정보검색 차원의 소비가 아니라 소셜 네트워크를 기반으로 개인의 생각과 감정, 정보를 서로 공유하고 원하는 정보를 언제 어디서나 얻을 수 있고 생성할 수 있는 소비자이다. 사람과 사람 사이의 사회적 교류가 컴퓨터를 넘어 모바일 환경으로 넓어졌고 본격적인 모바일 시대에 접어들면서 솔로모 소비자에 대한 유통업계와 소비시장의 관심이 높아졌다. 이는 새로운 시장 기회를 제공하며 또 다른 비즈니스 플랫폼이 형성된 것이다.

솔로모 중 소셜Social은 사회망 구석구석 퍼져있는 많은 사람들이 실시간으로 정보를 교환하고 공유경제가 성장함을 의미한다. 이미 우리가 일상생활에서 사용하고 있는 다양한 TGIFTwitter, Google, iPhone, Facebook, 기타 SNS가 그 예시이다. 특히 소셜 쇼핑은 서울~제주 편도 비행기 요금을 5만원 이하로 떨어지게 만들었다.

로컬Local은 지역별 고유시장으로 풀이할 수 있는데 글로벌하게 획일적으로 적용되는 트렌드나 브랜드가 아니라 지역마다 특색 있는 소비시장이 주목받을 수 있다는 것을 의미한다. 진정 빵을 사랑하는 사람이라면 군산의 이성당, 대전의 성심당, 광주의 궁전제과, 전주의 풍년제과를 직접 차로 타고 방문하게 되는 것이다.

모바일Mobile은 끊임없이 이동하면서도 24시간 연결 가능한 정보 접근이며 소비에 있어서 시간과 장소의 제약성이 사라진 것을 의미한다.

스타벅스의 경우 소비자의 동기부여 요소 탐색과 소셜 네트워크를 통해 지역에 입점해있는 매장, 소비자들이 손쉽게 연결될 수 있도록 지역 지도Local Map를 제공하는 등 솔로모 관련 마케팅을 구현하는데 많은 노력을 기울이고 있다.

이 외에도 미국의 종합 전자제품 판매장인 BestBuy는 실시간으로 고객의 질문에 대답하기 위하여 'Twelforce'라는 제도를 만들었다. 이 제도는 'Tweet + Help + Force'의 약자로 트위터를 통해 실시간 답변이 가능한 시스템이다.

다양한 사회구성원들이 실시간으로 장소에 구애받지 않고 정보를 교환하면서 획일적인 트렌드를 지양, 지역에 따라 특색 있는 고유 시장을 형성하는 수준에 이르게 된 것이다.

즉, 솔로모 소비자들은 지역상권 커뮤니티가 자생적으로 생겨나는데 큰 일조를 하고 있다. 새로운 소비자 접근 플랫폼이 ICT의 발달과 함께 생겨나고 동시에 개방형, 폐쇄형 소셜 네트워크와 더불어 지역 내 또 다른 유효 잠재 고객을 발굴해 낼 수 있다는 가능성이 바로 솔로모 소비자의 가치라고 할 수 있다.

또한, 솔로모 시장과 관련하여 옴니채널 유통 Omni-Channel Retailing 이 떠오르고 있다. MIT의 Erik Brynjolfsson 교수와 조지아 공과대의 Yu Jeffrey Hu 교수, 캘거리대학의 Mohammad S. Rahman 교수는 MIT 슬론 매니지먼트리뷰 SHR 에서 옴니채널 유통을 일컬어 '빈틈없는 소매 경험'이라고 해석하고 있다. 과거 온라인 매장은 실제 오프라인 매장에서 느낄 수 있는 소비자들의 직접적인 제품 경험, 예컨대 만지고 느낄 수 있는 소비 행위를 온라인 매장은 제공하지 못했다. 그러나 옴니채널 유통을 통해 이들은 이러한 온라인 매장의 한계를 극복할 수 있고 온라인과 물리적인 유통의 차이가 사라져버리는 이른바 '벽이 없는 전시실 Showroom without Walls '로 진화할 것이다.

Growth Key [1]

솔로모 시장은 지속성장 할 것이다. 솔로모는 기업과 소비자와 일 대 일 마이크로micro 타켓 마케팅을 가능하게 만들어준다.

SoLoMo is an acronym that applies to the integration of one's social media platforms and physical location with one's mobile device. SoLoMo can provide opportunities for micro-target consumer marketing.

<table>
<tr><td>:: 등장인물</td><td>박 제시카 삼촌 박영준씨 _{2030년 65세}</td></tr>
</table>

　2030년 5월 23일, 서울 역삼동의 뉴웨딩센터에서는 올해 60세가 된 김마리☆씨와 65세 박영준男씨의 결혼식이 열렸다. 두 사람 모두 초혼으로 실버 결혼전문업체인 ㈜실버웨딩에 가입한 지 1년 만의 일이다. "인생은 60부터"라는 주례사가 있었을 만큼 두 사람은 양가 친척들과 함께 행복한 결혼식을 올렸다. 이들의 첫 만남을 주선했던 ㈜실버웨딩의 김미래 팀장은 벌써 올해 들어 5건의 실버 혼사를 성사시켰으며 좋은 만남을 이어가고 있는 실버 커플 100쌍을 주요 고객으로 관리하고 있다. 결혼 적령기라는 말은 이미 옛말이 되었다.

　김마리씨와 박영준씨처럼 60대에도 새로운 결혼식을 올리는 커플은 해마다 증가하고 있는 추세이다.

현재 한국에서 가장 많은 사회적, 경제적 부^富를 보유하고 있는 BB세대의 자금 유통에 따라 소비지출의 흐름은 많은 영향을 받을 수밖에 없다. 이들이 실버층의 대부분을 형성하는 2030년은 실버 시프트라고 부를 만큼 실버층을 대상으로 하는 소비시장이 활성화 될 것이다.

특히 지난 20세기와 21세기 초에 이루어진 생물학적 성과 중 하나는 단연 인간의 기대수명 연장과 노화를 억제하는 수준으로 발전된 바이오 기술로, 실버 시프트는 이와 무관하지 않다. 게다가 그동안 불치병으로 여겨졌던 질병 치료제가 인간의 DNA를 기반으로 연구되어 속속 개발되면서 인간은 태어나면서부터 이러한 기술을 적용한 생활방식에 익숙해지게 되었다.

저출산과 고령화라는 인구 구조적 트렌드는 선진국은 물론 신흥국가들에서도 빠른 속도로 확산되고 있다. 이에 상대적으로 많은 인구비율인 실버층을 대상으로 하는 유통 소매업이나 서비스가 함께 발달했다. 이러한 변화들이 실버 시프트^{Silver Shift}를 불러왔고 실버는 이제 주요 소비층으로 자리 잡았고, 매년 실버화되고 있는 BB세대의 수명연장으로 이들의 영향력은 더욱 커지고 있다. 한마디로 건강과 구매력이 있는 베이비부머는 2030년까지 죽지 않고 소비활동을 할 것으로 예상된다.

또한 초혼 연령층이 기존의 30대 초반에서 점차 높아지면서 이전에 비해 웨딩산업의 주 고객층이 20~30대에서 그 이상으로 증가하고 있고 60대 인구에서 초혼이 성사되는 경우도 등장하게 된다. 여기에는 기업이나 공공기관의 정년 보장이 60대로 높아지는 등 사회적 이유도 존재한다.

과거 보건복지부 산하 저출산 고령사회위원회에서는 실버 시장 규모가 2020년에 149조 원에 이를 것이라고 전망, 대한 상공회의소도 이와 비슷하게 고령친화산업이 매년 12.9%의 성장률을 보일 것이라 전망했다.

실제로 유통업계에서는 이전부터 이러한 변화에 대비하여 실버층을 만족시킬 수 있는 소비 과정상의 서비스_{예: 글자크기 확대, 이동통로 확대, 안전손잡이 설치}를 제공하고 있으며 그 범위는 더욱 확대되고 있다. 여기에 제품과 서비스 구성 역시 실버층의 아웃도어 활동이 과거에 비해 폭발적으로 증가하자 젊은 층과 비교하여 상대적으로 구매력이 높은 이들을 위한 판촉을 늘리고 있다.

소매유통업계도 매장의 상품 진열을 이들의 소비패턴에 맞추어 재구성 하는 등 업계의 실버 시프트에 대한 시니어 마케팅 노력은 지속적으로 이어지고 있다. 실버 시프트는 거의 모든 산업과 소비시장에서 꾸준히 광범위하게 진행될 것이다.

Growth Key [2]

매년 실버화되고 있는 한국 베이비부머의 영향력은 2030년까지 지속될 것이다. Aging population is creating a lot of new business opportunities targeted towards baby-boomers.

:: 등장인물 박 제시카 본인^{2030년 43세}

1인 가구로 서울에서 살고 있는 제시카는 평소 선호하는 호텔 프리미엄 브랜드 중 하나인 M&H 호텔 창업자가 쓴 자서전을 최근 서점에서 구입했다.

단순한 호텔 명칭으로 알았던 M&H에 창업자와 그의 연인의 사연이 담겨 있음을 알게 된 그녀는 왠지 모를 애틋함을 느끼게 되었고 자서전을 읽고 난 뒤 방문하게 된 호텔 로비에서 늘 마주치던 조각상이 비로소 창업자와 연인을 표현한 것이었음을 깨닫게 되었다.

그동안 알지 못했던 호텔의 구석구석에 호텔 창업주의 이념과 추억이 자리하고 있음을 알게 되자 M&H 호텔 관련 뉴스 기사나 정보를 유심히 더 챙겨보기도 하고 호텔 종업원들이 태도 또한 한결 친근하게 느껴졌다.

프리미엄 브랜드 소비는 저성장 경제 상황에서도 식을 줄 모르며 오히려 구매율은 올라가는 경우를 보이기도 한다. 성장의 고저高低에 상관없이 소비자 개개인의 판단에 따라 인식 되는 프리미엄 브랜드는 매우 상대적인 가치의 개념이다. 흔히 명품名品으로 불리는 럭셔리 브랜드도 있지만 소매가격 기준으로 대중시장에서 유통되는 매스 브랜드에 비해 약 2배 정도 높은 가격을 형성하는 경우 프리미엄 브랜드로 볼 수 있다.

완벽을 추구하거나 프리미엄 브랜드 구매를 통해 소비자는 자신의 정체성Identity을 나타낼 수 있다. 이처럼 소비적 쾌락을 충족시켜 주는 고가의 제품군이 바로 프리미엄 브랜드이다. 특히 명품을 본격적으로 소비하기 시작한 X세대 소비자와 특정 브랜드에 대하여 의미를 부여하고 소비자 자신과 동일시하는 경향을 가진 개성이 강한 Y세대 소비자들이 핵심 소비계층으로 성장하고 있어서 프리미엄 브랜드에 대한 수요는 더욱 커질 것으로 예상할 수 있다.

프리미엄 브랜드를 구매하는 소비자들에게 브랜드 인식 속성 중 가장 중요한 요소로 꼽히는 것이 진정성Authenticity이다. 브랜드의 가치를 더욱 깊게 만들어주는 진정성은 인위적으로 만들 수 있는 것이 아니며 제품 진정성, 판매인 진정성, 기업 진정성이 복합적으로 작용하여 특정 브랜드의 진정성이 완성된다.

예컨대 초콜릿의 손꼽히는 프리미엄 브랜드 중 하나인 고디바GODIVA는 '초콜릿의 티파티'로 불린다. 고디바는 벨기에 브뤼셀에서 처음 시작되었으며 고디바라는 브랜드명은 11세기의 영국 귀족 부인이었던 레이디 고디바에서 유래했다. 그녀는 자신의 남편이 과도한 세금을 백성들에게 부과하자 이를 비판하였고 남편은 그녀에게 벌거벗은 채 마을을 돌아다닌다면 세금을 내리겠다는 약속을 했다. 결국, 레이디 고디바는 백성들을 위해 알몸으로 말을 탄 채 마을을 돌았고 이에 감동한 백성들은 등을 돌려 그녀의 알몸을 보지 않았다고 한다.

이처럼 전설과도 같은 고디바의 명칭 유래는 프리미엄 초콜릿 브랜드명으로 사용되면서 레이디 고디바의 용기와 깊은 사랑을 담은 초콜릿으로 이름을 알렸다. 즉, 고디바 초콜릿을 맛보는 순간 행복과 사랑을 느끼게 되고 이를 통해 브랜드의 진정성을 표출하고자 하는 것이다.

프리미엄 브랜드가 지니는 가치는 '진정성'을 떠나서는 생각할 수 없으며 존재할 수 없다. 프리미엄 브랜드와 진정성의 관계는 소비자들에게도 깊이 인식되어 대중 시장의 일반 브랜드와 달리 소비자의 꿈을 이룰 수 있게 만들고 더 나아가 지속 성장이 가능한 브랜드로 발전하는 동력이 된다.

Growth Key [3]

진정성은 소비자들이 구매를 결정하는 새로운 이유가 되고 있다. 프리미엄 브랜드가 되기 위해서는 독특함과 진정성을 가지고 있어야 한다.

Authenticity is the new consumer sensibility.[B. Joseph Pine II] Establishing a premium business means offering a unique and authentic brand.

KEY 4 원더우먼 리테일링

이번에 신차를 구매하기로 결심한 김희선씨는 예전부터 염두에 두고 있었던 SUV 차량의 새 모델을 직접 보기위해 자동차 매장을 찾았다. 이 매장의 자동차 딜러인 김선익팀장은 자신의 업무를 과거 여성 소비자 파워를 지칭하던 W-Retailing을 넘어 WW 즉, 원더우먼 리테일링이라 부르고 있다.

예전에는 여성 고객을 확보해야한다는 단순한 의미였지만 원더우먼 리테일링은 각 소비시장에서 정보탐색, 구매, 후기라는 일련의 이성과 감성적 소비를 거치는 여성 특유의 소비행위가 마치 원더우먼과 같이 부드러우면서도 강한 힘을 가진 소비력을 빗대어 이르는 말이다.

남성 못지않은 자동차에 대한 해박한 지식과 심지어 자동차 세차에 있어서도 특유의 꼼꼼함을 발휘하는 김희선씨를 그동안 고객으로 지켜본 김선익팀장은 "자동차 전문 정비공만큼이나 차에 대해 잘 알고 있는 여성"이라고 소개한 뒤 유명 자동차회사의 소비자 모니터링 활동 또한 적극적으로 하는 고객이라고 덧붙였다.

최근 국내 여행업계의 소비자 변화를 한 단어로 나타난다면 바로 여행旅行이 아닌 여행女行일 것이다. 20~30대 여행사 고객의 60% 이상이 여성 고객으로 나타나면서 이들을 겨냥한 여행 관련 서비스 사업이 탄력을 받았기 때문이다. 특히 해외 여행객의 대부분을 차지하면서 기존의 유럽, 아시아권 배낭여행에서 점차 다른 특수지역 배낭여행을 원하는 수요가 늘어날 것으로 예상된다. 사회적으로 결혼이 늦어지고 독신가구가 늘어나면서 비교적 홀로 자유로운 여행을 다녀올 수 있는 시간이 늘어났고 이들 여성 고객층은 자기 자신을 위한 여행뿐만 아니라 부모님과 함께 떠나는 여행 상품을 문의하는 비율 역시 높은 고객에 속한다.

이러한 여성고객 소매 마케팅을 유통업계에서는 그동안 W-Retailing이라고 부르며 적극적인 소비 정보탐색과 감성·이성을 적절히 사용하는 소비행태를 보이는 여성 소비자로 여겨왔다. 이는 여성 고객의 마음을 잡기 위한 노력이 그 어느 때보다 커지고 있음을 보여준다. 여성 고객을 통한 소비시장의 변화는 감성 시장과 많은 연관이 있다.

드라마 '응답하라 1994, 1997'은 사람들로 하여금 지나간 시간에 대한 향수를 불러왔다. 이러한 향수는 복고풍이라는 소비시장의 트렌드를 가져왔으며 저성장 시대의 생존전략 중 하나로 '감성'을 꼽을 수 있는 이유가 여기에 있다. 드라마 응답하라는 수많은 감성 중 향수라는 감성을 일으킨 것이다.

출처: 위키피디아

위 시나리오처럼 과거 남성들의 고유시장으로 여겨졌던 자동차에서도 여성들의 구매욕구가 높아지고 여성의 사회 진출 또한 활발해지면서 '여성적'인 것으로 대변되는 감성이 소비시장에서도 새로운 변화를 가져왔다.

이는 여성 고객이 남성 고객에 비해 중요하다는 것이 아니라 남성 고객을 타겟으로 하는 소비시장에서도 감성이 중요하다는 의미를 내포하고 있는 것이다.

여성 고객들은 물건이나 서비스를 구매·이용함에 있어서 소비 행위가 일어나고 난 뒤에도 SNS나 각종 매체를 통해 후기를 남기는 등 온라인에서 자신이 경험한 소비에 대한 평을 불특정 다수의 사람들과 적극적으로 공유한다. 이런 이유로 W-Retailing에 주목해야 한다는 의견도 있다. 남성은 소비를 통해 정복, 승리와 같은 심리를 충족시키지만 여성은 이와 달리 배려, 사랑을 느끼는 대리 만족으로 소비 행위를 하고자하기 때문에 여성 고객이 매장을 다녀간 뒤에도 이러한 감정을 느낄 수 있도록 '감정 A/S'가 필요하다는 인식도 생기고 있다. 이러한 인식은 여성 고객뿐만 아니라 남성 고객 시장에서도 큰 변화를 가져올 것으로 예상된다.

원더우먼은 1941년 미국의 심리학자 겸 페미니스트 이론가로 잘 알려진 윌리엄 몰튼 마스턴에 의해 만들어진 영웅이다. 원더우먼은 다른 영웅 캐릭터들과는 달리 '사랑'이라는 힘으로 문제를 해결하는 영웅으로 묘사된다. 만화와 영화 속에서만 존재했던 원더우먼의 모습이 이제 사회, 경제 그리고 우리 소비 시장에서도 '시장을 움직이는 부드러운 힘'으로 작용하게 된 것이다.

Growth Key [4]

미국의 경우 여성은 자동차, 웰빙 구매 등 모든 소비에서 85% 구매력을 가지고 있다. 커리어 우먼 소비 시장은 지속 성장할 것이다.
Women account for 85% of all consumer purchases including everything from autos to health care. Marketing to Women Conference

:: 등장인물	박 제시카 사촌 이기원씨 2030년 34세

바쁜 현대인의 삶을 살고 있는 이기원씨는 요즘 IT 기기를 통해 솔로 라이프 Solo Life를 관리하고 있다. 아무래도 혼자 살다보니 그가 가장 걱정했던 부분은 역시 건강이다. 젊지만 워낙 사회적으로 건강이 모든 세대에 걸쳐 중요한 이슈로 떠오르고 있고, 무엇보다 집에 있을 때는 아무래도 끼니를 거를 때가 있기 때문이다. 회사에서는 근처 1인 식당을 점심시간에 종종 이용하곤 하는데 이기원씨 같은 나홀로족들을 위한 건강 식단이 메인메뉴를 이루고 있는 곳이라 회사원들의 많은 호응을 얻고 있다. 이른바 솔로 케어 서비스가 주목을 받으면서 1인 식당은 물론 그동안 취미 생활인 사진을 모아두었던 2테라바이트 용량 파일을 보관하기 위해 데이터 뱅크 Data Bank 서비스에 가입했다. 이 외에도 개인정보가 담긴 민감한 데이터들을 보관하기 위해 별도의 보안 서비스를 신청하기도 하는 등 나홀로족 이외에도 많은 사람들이 솔로 케어 서비스를 일상생활에서 이용하고 있다.

일부 대학가나 회사 근처에서 볼 수 있었던 1인 식당이 2030년에는 위의 시나리오처럼 혼자 식사하는 모습이 더 이상 어색하지 않은 풍경이 되었다. 처음 마트나 편의점에서 판매되는 나홀로족族을 위한 즉석 조리식품들은 혼자 먹을 때의 시간이 다른 사람과 같이 먹는 때에 비해 1/4로 줄어드는 식사시간과 부실한 영양소 섭취 등의 문제점을 안고 있었다. 이에 올바른 1인 식사 식습관 개선을 위하여 보다 영양가 높은 즉석 조리식품과 도시락이 개발되었다. 또한 ICT의 발달로 식품 겉면에 프린트 되어있는 QR코드를 IT 기기로 인식하면 자신이 섭취한 식품의 칼로리, 나트륨 함량, 영양소 등의 식품 정보를 제공받을 수 있는 등 다양한 솔로 케어 서비스를 접목한 소비시장 변화가 나타날 것으로 예상된다.

솔로 케어 서비스 중 실버층을 대상으로 하는 서비스는 이미 고령화시대를 오래 전 맞이했던 일본의 경우 다양하게 제공되고 있다. 그중에서 살펴볼만한 사례는 독거노인을 대상으로 하는 서비스 상품이다. 일본에서 처음 등장했던 '사후대행 서비스'는 다방면의 소매업종으로 분파되었고 인터넷 묘e-tomb가 온라인과 SNS에서 함께 서비스되기도 했다. 실제 이들이 가진 가장 큰 고민은 죽음 후의 유품 정리 등과 같은 사후대행 관련 일들로 단지 유품 정리 수준이 아니라 매우 감성적인 측면에서 접근하는 고도의 서비스업인 것이다.

이처럼 인간의 개인화化는 웰빙·BIO, ICT·보안 분야에서도 나타나고 있는데 개인정보 유출방지 및 개인 데이터 보관·보안업체 등장이 기대되는 것도 같은 맥락이다. 개인이 PC 및 각종 IT 기기에 보관하고 있는 데이터만 해도 1테라바이트 수준을 뛰어넘은 것은 이미 옛날 일이 되었다. 클라우드 서비스 등을 통해 보관하는 데이터의 양은 개인 스스로 통제할 수 있는 수준을 벗어났기 때문이다. 개인 한 사람이 보유하고 있는 데이터의 양적, 질적인 면에서 보안 문제가 자연스럽게 뒤따랐으며, 데이터를 안전하게 보관할 수 있는 보안 서비스가 생겨날 것으로 예상한다. 그 예가 바로 위 시나리오의 데이터 뱅크^{Data Bank}이다. 이는 개인의 데이터를 도서관 책들이 주제별로 분류되어 있는 것처럼 카테고리에 맞춰 분류, 보관해주고 손상된 데이터의 복구도 가능한 서비스 상품이다. 마치 개인 사물함에서 자물쇠 비밀번호를 누른 뒤 필요한 물건을 꺼내는 것과 같은 방법이다. 더불어 개인정보가 담겨있는 민감한 데이터들이 외부로 유출되지 않도록 원하는 수준의 보안 등급을 설정할 수 있는데 등급에 따라 요금도 다르게 적용할 수 있을 것이다.

빅 데이터 기술의 발전은 솔로 케어 서비스 시장에서 개인 맞춤형 의료진단이 가능하도록 이끌었다. 과거 두 군데 이상의 병원을 들리게 되는 날이면 손에 각종 처방전을 들고 약국으로 향하거나 서로 진료과목이 다른 병원을 가게 될 때면 이전에 처방받은 약은 어떤 종류였으며 증세가 어떤지 또 설명해야 했다. 하지만 개인의 의료기록 정보가 빅 데이터를 통해 관리된다면 병원 진료 관련정보는 물론 평소 식생활 정보까지 종합하여 개인 맞춤형 의료가 가능해질 것이다. 그러나 방대하고 복잡한 개인의 유전자 정보처리가 수월해지면서 의료 분야에서도 보안 문제가 대두 될 수 있다. 개인의 복약기록, 병원 진단 기록이 병원 수준에서 공유되는 것과 다르게 공유될 수도 있는 부분에 대해서는 개인의 민감한 정보를 유출할 수도 있다는 사회적 우려가 있기 때문이다. 이 부분에 대해서는 개인이 허용한 부분까지 공유할 수 있도록 하는 'Closed Data'를 생각해 볼 수 있다. 2030년도에는 솔로 케어 서비스의 발달로 모든 소비자가 '회장님'이나 '슈퍼맨'이 될 수 있을 것이다.

Growth Key [5]

미국 전체 가구의 28%가 솔로 가구이다. 1~2인 가구의 니즈를 충족시키는 기업은 지속 성장이 가능하다.

There are more than 32million Americans living alone-about 28% of all households. Eric Klinenberg, Author of "Going Solo", 2012

:: 등장인물	박 제시카 조카 김서혜씨 2030년 23세

스스로를 몰링족이라고 여기는 23세 여성 김서혜씨는 여름 더위를 피해 시내 중심에 위치한 복합 쇼핑몰에서 쇼핑 겸 산책을 매일 즐긴다. 사실 산책과 친구들과의 약속 장소가 복합 쇼핑몰을 찾는 주된 이유이고 쇼핑은 부수적으로 이루어질 때도 있다. 물론 쇼핑을 위해 찾는 사람들이 더 많지만 김서혜씨와 같은 경우도 요즘 많이 늘어났다. 일요일에는 부모님과 함께 종종 아침 겸 점심을 하러 오기도 하고 이곳에 있는 영화관에 들러 괜찮은 영화가 있으면 관람하고 돌아오곤 한다. 근래에는 집 근처 인근의 한 쇼핑몰에서 열리는 주말 외국어 교실에 동생과 함께 수강하러 간 적도 있다. 이전에도 백화점 등 상업시설에 문화센터가 많았지만 요즘 복합 쇼핑몰 역시 전문학원 수업 못지않은 강의 프로그램이 생기기도 하고 실제로 유명 어학원에서 쇼핑몰 내에 있는 강의실에 지역 주민들을 위한 어학 코스를 운영하기도 한다.

2030년 8월, 연이은 폭염으로 서울만 해도 30일이 훌쩍 넘는 열대야를 겪으면서 잠 못 이루는 시민들은 24시간 운영을 하는 쇼핑몰로 심야 쇼핑 겸 산책을 나섰다는 기사 보도를 우리는 상상해볼 수 있다.

복합 쇼핑몰에서 쇼핑은 물론 여가 생활을 함께 즐기는 소비자들을 일컬어 몰링족族이라 하는데 이는 이미 2000년대 초반부터 나왔던 용어이다. 몰링족은 쇼핑몰이라는 공간 안에서 식사, 영화나 공연감상과 같은 문화생활은 물론 각종 모임 장소로도 오랫동안 이용해왔다. 어쩌면 2030년에는 통계청의 여가 생활조사에서 자신의 여가 생활로 몰링 혹은 이와 비슷한 취미 활동을 하는 사람들이 통계 데이터로 확인될 수도 있을 것이다.

최근 하나의 라이프스타일로 당당히 자리 잡은 몰링은 메가시티와 같은 도시화와 더불어 대형 복합쇼핑몰이 주목을 받으면서 생겨났다. 서울뿐만 아니라 각 시·도별로도 복합쇼핑몰이 들어서 과거 주요 쇼핑장소였던 백화점보다 많은 매장 수를 확보하게 되었다. 이에 복합 쇼핑몰 간의 경쟁이 점점 증가하면서 새로운 돌파구로 면세점을 쇼핑몰 내에 들여오는 것을 추진하기도 하는 현상이 나타났다. 이는 내국인 소비자들 이외에도 한국을 찾는 외래 관광객들을 대상으로 복합 쇼핑몰 내 면세점 쇼핑은 물론 기타 다양한 쇼핑 욕구를 충족시키고 문화생활까지 즐기는 관광지로 포지셔닝이 가능하다는 것을 시사한다. 이웃 나라 일본의 경우도 이미 20여 년 전부터 도심 내

쇼핑몰이 다수 들어서면서 하나의 건물 자체가 소매 공원Retail Park으로 인식되기도 한다.

우리나라 복합 쇼핑몰 역시 이와 같은 과정을 거치면서 바쁜 현대인들에게 모든 것을 원스톱으로 할 수 있다는 것을 가장 큰 장점으로 내세워 시장을 형성해왔다. 당일 여행 코스로도 인기를 모으는 복합 쇼핑몰이 등장하면서 몇몇 지자체에서는 해당 지역 내에 입점한 복합 쇼핑몰과 연계하여 지역 특산품이나 지역 문화를 알릴 수 있는 장場으로 이용하는 것을 계획하고 있다. 이와 같은 몰링 효과는 거리의 몰링화, 상권의 몰링화, 지방 도시의 몰링화로 발전하여 한국 쇼핑 관광의 대세로 자리 잡을 것으로 예상할 수 있다.

2000년대부터 인기를 모으고 있는 곳이 바로 프리미엄 아울렛이다. 프리미엄 아울렛은 복합 쇼핑몰과 다른 점이라면 시 외곽이나 근교에 위치해있다는 점인데 이들 역시 고급 레스토랑과 같은 식당들이 입점하고 쇼핑 공간은 물론 문화생활, 지역 여행코스로 꾸준한 발전을 이루면서 성장해왔다. 외식산업과 트랜슈머Transumer, 움직이는 소비자의 개념이 합성되어 공항, 기차역과 환승역, 터미널 등이 쇼핑몰로 전환되는 양상을 보이고 여기에 E&M산업 메가트렌드까지 더해져 단순 구매활동을 벗어나 소비를 통해 소비자의 즐거움을 충족하는 이른바 쇼퍼테인먼트Shopper-Tainment가 부상하고 있다. 재미를 주는 매장 일본의 도큐핸즈 같은 매장이 한국에서도 많아질 것이라는 말이다.

Growth Key [6]

서비스 경제에서 체험경제로 경제가 진화하면서 소매업의 엔테테
인먼트화가 가속화하고 있다. 재미와 흥미를 유발시키는 매장은
지속 성장이 가능하다.
Retailers are pulling out all the stops when it comes to giving
customers exciting and entertaining shopping experiences.

KEY 7 K-드럭스토어

:: 등장인물　　　박 제시카 할머니 이옥란씨 2030년 90세

　이옥란 할머니는 요즘 동네에 새로 들어온 Convenience Drug Store 체인점으로 간단한 장을 보러 간다. 마을 근린공원 옆에 생겼다고 하여 공원 산책을 나갔다가 집으로 돌아오는 길에 과일이나 채소들이 싱싱해 보여 몇 번 사오곤 했는데 생각보다 품질이 좋아서 요즘 자주 이용했다. 게다가 몸이 좋지 않은 날에는 애플리케이션으로 집에서 필요한 것들을 선택하여 배달할 수도 있기 때문에 이옥란 할머니는 이런 서비스가 무척 마음에 들어 노인정에서 친구들에게 이 서비스를 소개하기도 했다. 예전에는 없던 형태의 이 소매업 점포는 대형마트로 장을 보러 가기에는 힘든 노인이나 바쁜 젊은 도시 직장인들에게 요즘 큰 인기를 끌고 있는 곳이다. Convenience Drug Store 안에서 자주 이용하는 식재료를 구입할 수 있음은 물론 이곳에 들어온 곳은 전문 약사가 상주할 수 있도록 인증을 받은 곳이라 의약품도 손쉽게 구할 수 있다.

기존의 편의점^{Convenience Store}과 드럭스토어^{Drug Store}를 결합한 새로운 한국형 드럭스토어 소매 업태인 'K-드럭스토어 ^{Convenience Drug Store}'의 등장은 고령 1인 가구와 직장 생활로 바쁜 젊은 1인 가구 등을 주요 타겟으로 한 소매업이다. 이는 인구 고령화와 도시 사람들의 소비행태가 근린형[形] 소비로 변화할 것에 기인한다. 그중 편리성이 가장 두드러지는 편의점과 드럭스토어가 결합한 K-드럭스토어인 'Convenience Drug Store'로 일반 의약품, 식품, 헬스 앤드 뷰티^{H&B} 상품과 서비스를 포괄하는 새로운 형태로 발전한 것이다.

자신의 집에서 반경 500m 이내 어디서든 접근할 수 있다는 것이 K-드럭스토어가 추구하는 비전이며, 이전의 편의점과 드럭스토어와 큰 차이점은 BIO와 ICT 기술 발전에 힘입어 소매점 인근 주민들의 개인 맞춤형 생활 건강관리가 가능해질 것이란 점이다. 이러한 생활 건강관리 프로그램은 실생활에 깊숙이 접목되어 무선통신 기술과 결합, 그동안 의료 복지 사각지대에 놓여있던 저소득층 독거노인 등 거동이 불편한 노인층의 건강관리를 원활히 할 수 있도록 변화를 가져올 것이다. 즉, 약국에서만 만날 수 있었던 전문약사를 편의점 서비스와 결합하여 IT 기기를 통해 병원이 해당 소매점의 약사에게 바로 처방전을 보내서 수신이 가능하도록 할 수 있기 때문이다.

이 외에도 자신들의 브랜드 라인을 다양화하여 채소와 과일 등 농산물 코너를 마련한 매장, 직접 구운 베이커리와 커피, 차를 판매하는 카페형 K-드럭스토어를 선보일 수 있는데 이미 일본에서는 이러한 편의점이 등장했다.

2014년 통계로 전국의 약국은 약 24,000여 개, 편의점은 약 25,000개로 총 50,000여 개의 약국과 편의점이 영업 중이다. 50,000여 개의 스토어가 변증법적으로 합성된 것이 K-드럭스토어의 모습이 될 것으로 예상할 수 있다.

K-드럭스토어는 근린형 소비의 대표적인 약국과 편의점을 찾는 소비자들에 대한 꾸준한 소비행태 분석을 통해 소비자의 다양한 니즈Needs를 충족하는 것은 물론 소비자의 감성까지 만족시킬 수 있는 새로운 서비스를 제공하는 방향으로 비즈니스 모델 개발이 가능하다. 또한, 매장 설계 및 서비스 운영 노하우를 하나의 패키지로 구성하여 해외 진출도 고려해볼 수 있다. 토종 한국형 드럭스토어 브랜드가 해외로 진출하여 글로벌 브랜드로 도약하는 모습을 기대해 볼 수 있을 것이다.

Growth Key [7]

K-드럭스토어는 편의점과 동네 약국의 장점이 혼합된 새로운 소매업태로 수퍼마켓과 대형마트를 위협하면서 지속 성장할 것이다.

Korean convenience drug stores will be a new hybrid retail channel combining by CVS and traditional pharmacy through extended food and beverage offerings.

참고 문헌

- Asian Development Bank(2011) "ASIA 2050, Realizing the Asia Century"
- "Competing in the Age of Omnichannel Retailing", MIT Sloan Management Review
- Ellwood Iain & Shelia Shekar(2008), "Wonder Woman: Marketing Secrets for Trillion-Dollar Customer", Macmillan
- Frost & Sullivan(2010) "Urbanization Trends in 2020: Mega Cities and Smart Cities Built on a Vision of Sustainability"
- Jennifer Blanke and Thea Chiesa(2013) "The Travel&Tourism Competitiveness Report 2013, Reducing Barriers to Economic Growth and Job Creation", World Economic Forum
- OECD(2012) "OECD 한국경제보고서"
- Rintaro Tamaki(2012) "The future of Asian economic and financial community", OECD Journal
- TEA/AECOM(2011) "Global Attractions Attendance Report"
- UN(2012) "World Urbanization Prospects"
- WWF(2012) "Living Planet Report 2012"

- KB금융지주 경영연구소(2011) "1인 가구 급증에 따른 소형 주택시장 의 변화"
- KB금융지주 경영연구소(2012) "KB 데일리 지식비타민: 1인 가구의 주거 특성 분석"
- 김승권(2011) "미래 한국가족의 전망과 정책과제", 보건복지포럼, 5~22
- 김영배(2011) "우리나라 피할 수 있는 사망의 기대수명에 미치는 영향", 보건의료산업학회지 제5권 제3호
- 김영수, 김은정(2011) "글로벌 엔터테인먼트&미디어산업 현황 분석 및 전망", 한국콘텐츠진흥원 KOCCA 포커스 2011. 14호(통권42호)
- 김짐, 강민수(2013) "RFID 기반 유통정보 공유를 위한 공통표준플랫 폼 기술", 한국정보과학회, 정보과학지 31(2), 47~53
- 다치바나키 도시아키(2013), "격차사회", 세움과 비움
- 서용구, 구인경(2012) "브랜드 마케팅", 학현사
- 서인주, 정지영, 한연순(2012) "생활주기에 따른 소비성향 및 주 거관련 특성에 관한 연구", 한국가족자원경영학회지, 16권 1호, 85~101

- 에릭 클라이넨버그(2013) "고잉 솔로 싱글턴이 온다", 더퀘스트
- 전인수(2011) "인구 및 가구 구조의 변화가 주택시장에 미치는 영향", 한국전자통신학회 추계종합학술대회지 제5권 제2호 68~72
- 정재영(2010) "글로벌 메가시티의 미래 지형도", LGERI 리포트
- 찰스 핸디(2012) "포트폴리오 인생", 에이지
- 최윤식(2013) "2030 대담한 미래", 지식노마드
- 한국은행(2013) "한국은행 경제전망"
- 한정민, 이용호(2013) "1인 가구 증가가 소비지출에 미치는 영향 분석", KIET 산업경제, 22~31
- 허석균(2005) "횡단면 자료를 이용한 가구소비 결정요인에 관한 연구-유동성 제약과 가구별 특성을 중심으로-", 한국개발연구 제27권 제1호
- 황수경(2011) "가구구조 변화가 서비스 수요에 미치는 효과 분석", 한국개발연구 제33권 제3호(통권 제112호), 57~85

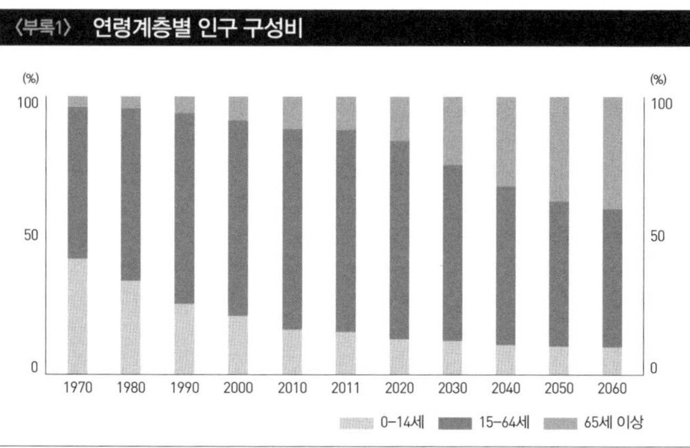

출처: 통계청 「장래인구추계」 1970~2060

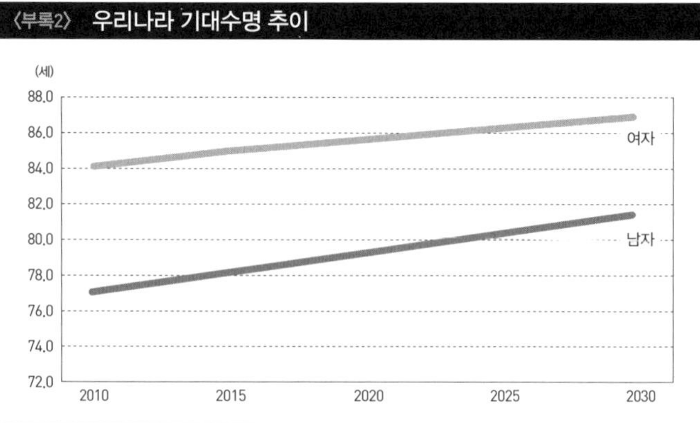

출처: 통계청 「장래인구추계」 2010~2030

<부록3> **골드만삭스 예상 한국·일본·미국 1인당 GDP**(실질)

년도	한국	일본	미국
2005	18,902	28,648	38,828
2010	22,847	29,824	42,141
2015	27,111	31,848	44,997
2020	31,209	34,926	47,956
2025	35,656	38,250	51,491
2030	39,977	41,180	56,216

자료: Global Economics Paper NO: 118, Projections, 2004(단위: US$)

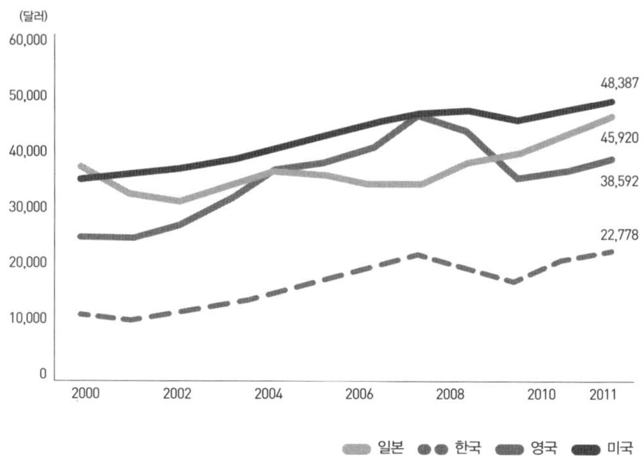

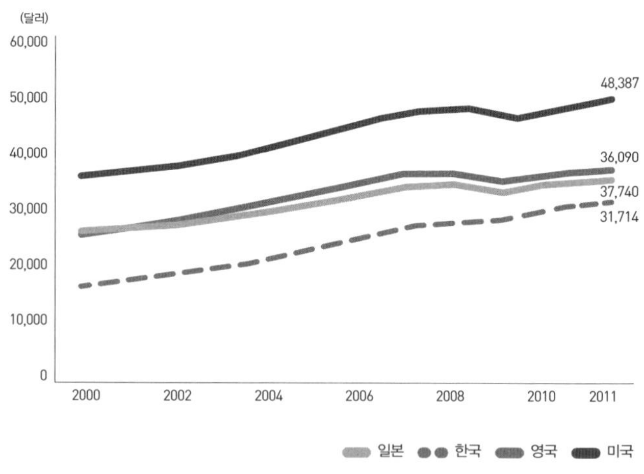

자료: IMF, World Economic Outlook Database, 2012 / 출처: 현대경제연구원

세대명칭	출생년도	2014년	인구수(%)	2030년	인구수(%)
B	~ 1944년	70세 이상	5,702,224 (11.31)	86세 이상	1,422,451 (2.73)
BB	1945~ 1963년	51~69세	12,533,421 (24.86)	67~85세	11,375,265 (21.81)
X	1964~ 1979년	35~50세	12,343,891 (24.48)	51~66세	12,155,562 (23.30)
Y	1980~ 1999년	15~34세	13,988,287 (27.74)	31~50세	13,716,150 (26.30)

* 만 나이 기준(자료: 통계청)

** 인구수(%): 총인구대비 구성 비율(국가통계포털 장래인구 추계 참고 구성)

*** 2014년 총인구 추계: 50,423,955명

**** 2030년 총인구 추계: 52,160,065명

연도별 주요사건	B세대	BB세대	X세대	Y세대
1945년 해방	청소년기			
1950년 6.25전쟁				
1973년 오일쇼크·유신헌법	30~50대 고속성장 시대	청소년기		
1975년 베트남전쟁 참전				
1980년 광주민주화운동		20~30대 민주화 운동 목격· 참여	청소년기	
1988년 서울올림픽 개최				
1989년 베를린장벽 붕괴				
1996년 우리나라 유통시장 개방	은퇴와 IMF	30~40대 IMF 경제위기	20대 IMF로 인한 취업시장 충격	청소년기
1998년 IMF 경제위기				
2001년 IT 벤처기업 붐	노년기			
2002년 한일 월드컵 개최				
2008년 글로벌 경제위기		40~50대 2010년부터 은퇴시작	30~40대 경제성장 감속	20~30대 저성장시대 경제활동 시작
2009년 국내 스마트폰 본격 출시				
2010년 한국 경제 정점				

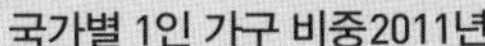

국가별 1인 가구 비중 2011년

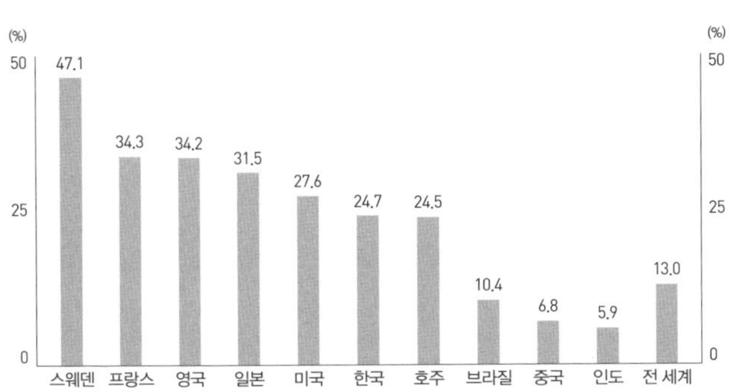

한국 1인 가구 추이

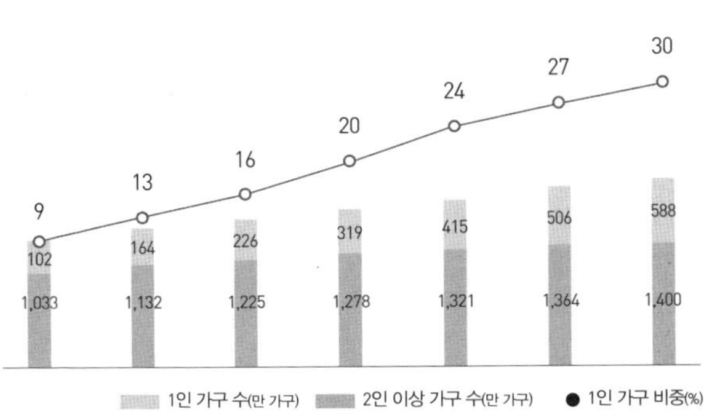

자료: Euromonitor; 통계청, KOSIS 출처: 삼성경제연구소

	2010년	2020년	2030년
1인 가구	4,153,077(23.9)	5,876,740(29.7)	7,091,247(32.7)
2인 가구	4,202,352(24.2)	5,759,043(29.0)	7,158,087(33.0)
3인 가구	3,698,682(21.3)	4,187,904(21.1)	4,377,359(20.2)
4인 가구	3,905,463(22.5)	3,125,567(15.7)	2,449,521(11.3)
5인 이상	1,399,759(8.1)	929,145(4.5)	640,375(2.8)
합계	17,359,333	19,878,399	21,716,589

자료: 통계청 / 단위: 가구 수(%)

	1인 가구	2인 가구	3인 가구	4인 가구
소비지출(원)	915,992	1,594,218	2,297,258	2,731,200
식료품, 비주류음료	137,579 (15.02)	255,837 (16.04)	303,020 (13.19)	340,875 (12.48)
주류, 담배	16,065	22,808	29,961	28,776
의류, 신발	59,139	99,236	157,084	184,561
주거, 수도, 광열	173,836 (18.97)	211,421 (13.26)	234,858 (10.22)	244,152 (8.93)
가정용품, 가사서비스	38,624	71,626	95,372	88,832
보건	84,017 (9.17)	146,046 (9.16)	153,847 (6.69)	157,030 (5.74)
교통	89,063	185,861	277,576	319,602
통신	51,954	98,217	167,802	188,398
오락, 문화	50,616	95,742	130,890	157,097
교육	11,166 (1.21)	59,231 (3.71)	218,896 (9.52)	445,818 (16.32)
음식, 숙박	114,921	191,773	313,513	350,174
기타상품, 서비스	88,637	158,470	226,836	244,861

자료: 통계청 2012년 가구 구성원 수 별 가구당 월평균 가계수지, 전국, 1인 이상, 실질

지역	1인 가구 비중 및 주택현황
미국	·1인 가구 비중: 27.1% ·1인 가구의 성숙기 단계 진입으로 이들을 위한 주택시장의 양극화 발생
유럽	·1인 가구 비중: 노르웨이(38.5%), 영국(29.6%), 프랑스(32.6%), 독일(37.5%) ·1인 가구의 성숙기 단계 진입, 영국의 경우 정부 차원의 주택건설 지원 확대
일본	·1인 가구 비중: 28.3% ·다양한 소형주택 유형이 등장하고 전문 임대관리 업체의 확대

자료: 1인 가구 급증에 따른 소형 주택시장의 변화, KB금융지주(2011)

〈부록11〉 전 세계 20대 메가시티 2025

대륙	도시명
아시아	서울, 도쿄, 오사카-고베, 베이징, 홍콩, 상하이, 광저우, 델리, 뭄바이
유럽	모스크바, 런던, 파리
북아메리카	시카고, 뉴욕, 필라델피아, 마이애미, 로스앤젤레스, 멕시코시티
남아메리카	상파울루, 부에노스 아이레스

출처: Frost & Sullivan, Urbanization Trends in 2020:
Mega Cities and Smart Cities Built on a Vision of Sustainability

순위	2011년		2025년	
1	도쿄, 일본	37.2	도쿄, 일본	38.7
2	델리, 인도	22.7	델리, 인도	32.9
3	멕시코시티, 멕시코	20.4	상하이, 중국	28.4
4	뉴욕, 미국	20.4	뭄바이, 인도	26.6
5	상하이, 중국	20.2	멕시코시티, 멕시코	24.6
6	상파울루, 브라질	19.9	뉴욕, 미국	23.6
7	뭄바이, 인도	19.7	상파울루, 브라질	23.2
8	베이징, 중국	15.6	다카, 방글라데시	22.9
9	다카, 방글라데시	15.4	베이징, 중국	22.6
10	콜카타, 인도	14.4	카라치, 파키스탄	20.2
11	카라치, 파키스탄	13.9	라고스, 나이지리아	18.9
12	부에노스아이레스, 아르헨티나	13.5	콜카타, 인도	18.7
13	로스엔젤레스–롱비치, 미국	13.4	마닐라, 필리핀	16.3
14	리우데자네이루, 브라질	12.0	로스엔젤레스–롱비치, 미국	15.7
15	마닐라, 필리핀	11.9	심천, 중국	15.5
16	모스크바, 러시아	11.6	부에노스아이레스, 아르헨티나	15.5
17	오사카–고베, 일본	11.5	광저우, 광둥성, 중국	15.5
18	이스탄불, 터키	11.3	이스탄불, 터키	14.9

19	라고스, 나이지리아	11.2	카이로, 이집트	14.7
20	카이로, 이집트	11.2	킨샤사, 콩고	14.5
21	광저우, 광둥성, 중국	10.8	중경, 중국	13.6
22	심천, 중국	10.6	리우데자네이루, 브라질	13.6
23	파리, 프랑스	10.6	방갈로르, 인도	13.2
24			자카르타, 인도네시아	12.8
25			첸나이, 인도	12.8
26			우한, 중국	12.7
27			모스크바, 러시아	12.6
28			파리, 프랑스	12.2
29			오사카–고베, 일본	12.0
30			텐진, 중국	11.9
31			하이데라바드, 인도	11.6
32			리마, 페루	11.5
33			시카고, 미국	11.4
34			보고타, 콜롬비아	11.4
35			방콕, 태국	11.2
36			라호르, 파키스탄	11.2
37			런던, 영국	10.3

자료: UN, World Urbanization Prospects: The 2011 Revision / 인구수 기준 – 백만 명

Rank	Park, location	2011(visitors)
1	TYPHOON LAGOON AT DISNEY WORLD, Orlando, FL, U.S.A	2,058,000
2	BLIZZARD BEACH AT DISNEY WORLD, Orlando, FL, U.S.A	1,891,000
3	CHIMELONG WATER PARK, Guangzhou, China	1,900,000
4	OCEAN PARK WATER ADVENTURE, Jakarta, Indonesia	1,730,000
5	OCEAN WORLD, Gangwon-do, South Korea	1,726,000
6	CARIBBEAN BAY AT EVERLAND RESORT, Gyeonggi-do, South Korea	1,497,000
7	AQUATICA, Orlando, FL, U.S.A	1,500,000
8	WEN'N WILD, Orlando, FL, U.S.A	1,223,000
9	AQUAVENTURE, Dubai, U.A.E	1,200,000
10	WET'N WILD WATER WORLD, Gold Coast, Australia	1,200,000

자료: 2011 Theme Index, Global Attractions Attendance Report

	2010	2020	2030	2040	2050
Global output (market exchange rates, US$ trillions)	62	90	132	195	292
Asian share of global output	27.4%	33.5%	38.9%	44.5%	50.6%
Global growth (prior decade ending in column year)		4.0%	3.9%	3.8%	3.6%
Asia growth		5.8%	5.2%	4.8%	4.4%
Asian share of global growth		55.7%	59.3%	62.8%	66.0%
Global GDP per capita (PPP)	10,700	14,.300	19,400	26,600	36,600
Asian GDP per capita (PPP)	6,600	10,600	16,500	25,400	38,600

출처: 아시아개발은행, ASIA 2050, Realizing the Asian Century

2030 미래에 답이 있다

1쇄 인쇄	2014년 02월 10일
초판 발행	2014년 02월 15일

저자	서용구·박명현

펴낸이	고봉석
책임편집	윤희경
교정·교열	고우정
편집디자인	이경숙

펴낸곳	이서원
주소	서울시 서초구 신반포로 43길 23-10 서광빌딩 3층
전화	02-3444-9522
팩스	02-6499-1025
이메일	books2030@naver.com
출판등록	2006년 6월 2일 제22-2935호

ISBN	ISBN 978-89-97714-24-7
	ISBN 978-89-97714-23-0 (세트)

ⓒ 서용구·박명현(저작권자와 맺은 특약에 따라 검인은 생략합니다)

• 잘못된 책은 바꿔드립니다.　　　• 책값은 뒤표지에 있습니다.

이 도서의 국립중앙도서관 출판시도서목록(CIP)은 서지정보유통지원시스템 홈페이지(http://seoji.nl.go.kr)와 국가자료공동목록시스템(http://www.nl.go.kr/kolisnet)에서 이용하실 수 있습니다. (CIP제어번호 : CIP2014004013)

이서원(iseowon)은 독자 여러분의 책에 관한 아이디어와 원고 투고를 기다리고 있습니다. 책으로 엮기를 원하는 아이디어가 있으신 분은 언제든지 이메일 books2030@naver.com로 간단한 개요와 취지, 연락처 등을 보내주십시오.